DEUS É
SOBERANO

A. W. PINK

DEUS É SOBERANO

FIEL Editora

P655d   Pink, Arthur Walkington, 1886-1952
Deus é soberano / A. W. Pink. – 2. ed., 7. reimpr. – São José dos Campos, SP : Fiel, 2016.

181 p.
Tradução de: The sovereingty of God.
ISBN 9788599145456

1. Providência divina. I. Título.

CDD: 231.5

Catalogação na publicação: Mariana C. de Melo Pedrosa – CRB07/6477

DEUS É SOBERANO
Publicado originalmente nos Estados Unidos em 1928 por I. C. Herendeen sob o título: *The Sovereignty of God*, de Arthur W. Pink.

∎

Versão revisada por The Banner of Truth em 1968.
Copyright © 1928 I. C. Herendeen
Publicado em português com a permissão de I. C. Herendeen.

∎

Primeira Edição em Português: 1977
© Editora Fiel

Segunda Edição em Português: 1997

Todos os direitos em língua portuguesa reservados por Editora Fiel da Missão Evangélica Literária

Proibida a reprodução deste livro por quaisquer meios, sem a permissão escrita dos editores, salvo em breves citações, com indicação da fonte.

∎

Diretor: Tiago J. Santos Filho
Editor: Tiago J. Santos Filho
Tradução: Francisco Wellington Ferreira
Revisão: Elaine Regina Oliveira dos Santos
Diagramação: Rubner Durais
Capa: Gearbox Studios

ISBN: 978-85-9914-545-6

FIEL Editora
Caixa Postal, 1601
CEP 12230-971
São José dos Campos-SP
PABX.: (12) 3919-9999
www.editorafiel.com.br

Índice

Introdução 5

1 A Soberania de Deus e a Atualidade 9
2 A Soberania de Deus – Definição 19
3 A Soberania de Deus na Criação 27
4 A Soberania de Deus na Administração 33
5 A Soberania de Deus na Salvação 49
6 A Soberania de Deus em Operação 83
7 A Soberania de Deus e a Vontade Humana 103
8 A Soberania de Deus e a Oração 123
9 A Soberania de Deus e a Nossa Atitude 139
10 O Valor desta Doutrina 155

Conclusão 175

Introdução

Tem-se ressaltado com frequência que o requisito fundamental na exposição da Palavra de Deus é a necessidade de preservar o equilíbrio da verdade. Com isto concordamos de coração. Duas coisas são indisputáveis: a soberania de Deus e a responsabilidade do homem. Neste livro procuramos expor sobre a primeira dessas verdades; em outras obras, temos dado ênfase à segunda. Reconhecemos que existe, sem dúvida, o perigo de salientar demais uma delas e negligenciar a outra; a história nos oferece numerosos exemplos de ambos os casos. Ressaltar a soberania de Deus, sem afirmar, ao mesmo tempo, a responsabilidade do homem, tende ao fatalismo; preocupar-se tanto em manter a responsabilidade do homem, ao ponto de perder de vista a soberania de Deus, é exaltar a criatura e desonrar o Criador.

Quase todo o erro doutrinário consiste na perversão da verdade, na má compreensão e mau ensino da verdade e na asseveração desequilibrada a respeito da verdade. O mais lindo rosto da terra, o mais encantador semblante, logo ficaria feio e de aparência desagradável, se um membro continuasse a crescer, e os demais não se desenvolvessem. A beleza é, primariamente, uma questão de proporções. Assim acontece com a Palavra de Deus: sua beleza e bem-aventurança se percebem melhor quando a multiplicidade da sua sabedoria é exibida em suas verdadeiras proporções. É nesse ponto que tantos fracassaram no passado. Uma pessoa pode ficar tão impressionada com um determinado aspecto da verdade de Deus que concentra toda a sua atenção neste aspecto, ficando excluídos todos os demais. Certa porção da Palavra de Deus tem se transformado em "doutrina predileta" e, não raro, se torna o distintivo de alguma corrente específica. Mas, o dever de cada servo de Deus é "anunciar todo o desígnio de Deus" (At 20.27).

É verdade que nos dias degenerados em que vivemos, quando de todos os lados se promove a exaltação do homem e quando "super-homem" veio a ser expressão comum, há verdadeira necessidade de se dar ênfase ao glorioso fato da supremacia de Deus. E tanto mais quando essa supremacia está sendo mais expressamente negada. Porém, mesmo em tal circunstância precisamos de muita sabedoria, para não demonstrarmos um zelo sem o entendimento (Rm 10.2). As palavras "o alimento no devido tempo" devem estar sempre presentes no espírito do servo de Deus. A necessidade primária de uma congregação pode não ser a necessidade específica de outra. Se alguém é chamado para servir onde tem havido pregadores arminianos, a verdade a respeito da soberania de Deus, que ali foi negligenciada, deve ser exposta — porém, com cuidado e cautela, para não se dar excesso de "alimento sólido" para as "crianças". É necessário ter em mente o exemplo de Cristo, conforme se lê em João 16.12: "Tenho ainda muito que vos dizer, mas vós não o podeis suportar agora". Por outro lado, se eu for incumbido de orientar um estudante nitidamente calvinista, então a verdade da responsabilidade humana (nos seus muitos aspectos) pode ser apresentada com proveito. O que o pregador precisa anunciar não é aquilo que suas ovelhas mais gostam de ouvir, e, sim, aquilo que mais lhes falta, isto é, os aspectos da verdade que lhe são menos familiares ou que menos elas evidenciam em seu viver.

Pôr em prática o que acima ensinamos provavelmente exporá o pregador à acusação de ser ele um vira-casaca. Mas que importa, se ele tiver a aprovação do seu Mestre? Não se exige que ele seja "coerente" consigo mesmo, nem com quaisquer regras elaboradas pelos homens; seu dever é ser "coerente" com as Escrituras Sagradas. E, nas Escrituras, cada faceta da verdade é contrabalançada por algum outro aspecto da verdade. Há dois lados em tudo, até mesmo no caráter de Deus, pois ele é "luz" (1 Jo 1.5), mas também é "amor" (1 Jo 4.8). E, por essa razão, somos exortados a considerar "a bondade e a severidade de Deus" (Rm 11.22). Pregar sempre um lado e excluir o outro é deformar o caráter divino.

Quando o Filho de Deus se encarnou, assumiu no mundo a "forma de servo" (Fp 2.7); entretanto, na manjedoura, ele era "Cristo, o Senhor" (Lc 2.11)! Dizem as Escrituras: "Levai as cargas uns dos outros" (Gl 6.2), mas o mesmo capítulo insiste: "Cada um levará o seu próprio fardo" (Gl 6.5). Exortam-nos que não devemos nos inquietar com o dia de amanhã (Mt 6.34); porém, "se alguém não tem cuidado dos seus e especialmente dos de sua própria casa, tem negado a fé e é pior do que o descrente" (1 Tm 5.8). Nenhuma ovelha do rebanho de Cristo perecerá (Jo 10.28,29); no entanto, a ordem dada aos crentes determina: "Procurai... confirmar a vossa vocação e eleição" (2 Pe 1.10). Assim, poderíamos continuar multiplicando as ilustrações. Essas coisas não são contradições, pois se complementam mutuamente: uma contrabalança a outra. Desta forma, as Escrituras demonstram tanto a soberania de Deus como a responsabilidade do homem.

Nesta obra, porém, nos preocupamos com a soberania de Deus, e, mesmo reconhecendo claramente a responsabilidade do homem, não vamos nos deter a cada página para insistir nesse ponto; ao contrário, temos procurado ressaltar o aspecto da verdade que nestes dias está sendo quase universalmente negligenciado. Talvez noventa e cinco por cento da literatura religiosa de nossos dias se dedique a demonstrar os deveres e as obrigações dos homens. O fato, entretanto, é que os autores que se encarregam de expor a responsabilidade humana são aqueles que perderam o equilíbrio da verdade, por negligenciarem, em grande medida, a soberania de Deus. É absolutamente certo alguém insistir na responsabilidade do homem. Que dizer, porém, sobre Deus? Não tem ele reivindicações nem direitos? Seria necessária uma centena de livros como este, milhares de sermões precisariam ser pregados pelo mundo inteiro, sobre este assunto, para readquirir-se o equilíbrio da verdade. Perdeu-se tal equilíbrio, e essa perda se deve à desproporcional ênfase dada ao lado humano, ao ponto de ser minimizado, senão mesmo excluído, o lado divino. Reconhecemos que este livro é unilateral, porque se propõe a tratar apenas de um dos lados da verdade, o lado negligenciado, o lado divino.

I
A Soberania de Deus e a Atualidade

Quem está regendo os acontecimentos na terra hoje — Deus ou o diabo? Que Deus reina supremo no céu é geralmente reconhecido; que ele reina soberano sobre este mundo é quase universalmente negado — se não direta, pelo menos indiretamente. Mais e mais, através de suas filosofias e teorias, os homens estão relegando a pessoa de Deus a um plano secundário. Não somente se nega que Deus criou tudo, através de sua ação pessoal e direta; mais do que isso, poucos são os que creem que Deus tem qualquer preocupação imediata em controlar as obras de suas próprias mãos. Pressupõe-se que tudo tenha sido ordenado segundo as "leis da natureza", abstratas e impessoais. Desta forma, o Criador é banido de sua própria criação. Não devemos, pois, ficar surpresos, se os homens, nos seus conceitos envilecidos, excluem Deus do âmbito das atividades humanas. Em toda a cristandade, com exceções que quase não podem ser levadas em conta, mantém-se a teoria de que o homem determina a própria sorte e decide seu destino, através de seu "livre-arbítrio". Que Satanás deve levar a culpa de boa parte do mal existente no mundo, afirmam-no sem restrições aqueles que, apesar de terem muito a dizer quanto a "responsabilidade do homem", frequentemente negam a sua própria responsabilidade, atribuindo ao diabo aquilo que, de fato, procede de seus próprios corações maus (Mc 7.21-23).

Quem, entretanto, está dirigindo as coisas no mundo hoje — Deus ou o diabo? Busque-se uma visão séria e compreensiva do mundo. Que cenário de confusão e de caos nos confronta por toda parte! Predomina o pecado e a ilegalidade; homens perversos e impostores estão, de fato, se tornando cada vez piores (2 Tm 3.13). Hoje em dia, tudo parece desconjuntado. Tronos rangem e cambaleiam, dinastias milenares são subvertidas, povos entram em revolta, a civilização é um fracasso; metade da cristandade, ainda há pouco, estava entregue a uma luta mortal; agora, passado o conflito titânico, ao invés de termos um mundo "seguro para a democracia", percebemos que a própria democracia está longe de ser segura para o mundo. A agitação, a insatisfação, a ilegalidade grassam por todos os lugares, e ninguém pode prever dentro de que tempo outra grande guerra será deflagrada. Os estadistas estão perplexos e abalados. Os corações dos homens "desmaiarão de terror e pela expectativa das cousas que sobrevirão ao mundo" (Lc 21.26). Coisas como essas dão a impressão de que Deus exerce pleno domínio?

Vamos, porém, restringir nossa atenção ao campo religioso. Depois de dezenove séculos de pregação do evangelho, Cristo ainda é "desprezado e o mais rejeitado" pelos homens (Is 53.3). Pior ainda, ele, o Cristo das Escrituras, está sendo proclamado e glorificado por poucos. Na maioria dos púlpitos modernos, ele é desonrado e renegado. Apesar dos frenéticos esforços para atrair as multidões, as igrejas, em sua maioria, estão se esvaziando, ao invés de se encherem. E que dizer do grande número dos que não frequentam igrejas? À luz das Escrituras, temos forçosamente de crer que "muitos" estão no caminho largo, que leva à perdição, e "poucos" estão no caminho estreito que conduz à vida (Mt 7.13-14). Muitos declaram que o cristianismo é um fracasso; e o desespero transparece em muitos rostos. Não poucos dos que pertencem ao Senhor se sentem confusos, e sua fé está sendo severamente testada. E o que Deus está fazendo? Está ele vendo e ouvindo? Está ele impotente ou indiferente? Alguns daqueles que são reputados como líderes do pensamento cristão emitiram a opinião de que

Deus não pôde impedir a terrível última guerra mundial e não teve a capacidade de pôr fim a ela. Afirmava-se abertamente que as condições estavam além do controle de Deus. Coisas como estas dão a impressão de ser Deus que governa o mundo?

Quem está dirigindo as coisas nesta terra atualmente — Deus ou o diabo? Que impressão fica na mente daqueles homens do mundo que, ocasionalmente, frequentam um culto evangélico? Quais os conceitos formados por aqueles que ouvem até mesmo pregadores considerados "ortodoxos"? Não formam eles um conceito de que os cristãos estão crendo em um Deus frustrado? A julgar por aquilo que se ouve dos evangelistas de nossos dias, o ouvinte sério não é obrigado a concluir que eles representam um Deus tomado de intenções benévolas, mas incapaz de levá-las a bom termo; que deseja sinceramente abençoar os homens, mas estes não lhe dão licença para fazê-lo? Logo, o ouvinte não é forçado a inferir que o diabo assumiu a primazia e que Deus é mais digno de nossa compaixão do que de nossa adoração?

Tudo não parece indicar que o diabo tem mais a ver com as coisas desta terra do que Deus? Isso depende de estar você andando pela fé ou pelas aparências. Seus pensamentos, leitor, quanto ao mundo e ao relacionamento de Deus com o mundo baseiam-se naquilo que você está vendo? Encare essa pergunta de modo sério e honesto. E, se você é um crente, provavelmente terá motivo para baixar a cabeça, com vergonha e tristeza, reconhecendo que é assim. Infelizmente, na prática, andamos pouco "pela fé". Mas, o que significa "andar pela fé"? Significa isto: nossos pensamentos são formados, nossas ações são reguladas, nossa vida é moldada pelas Sagradas Escrituras, porque "a fé vem pela pregação, e a pregação pela palavra de Cristo" (Rm 10.17). É da Palavra da verdade, e somente dela, que podemos aprender qual é o relacionamento entre Deus e o mundo.

Quem está controlando as coisas na terra, hoje em dia — Deus ou o diabo? Que dizem as Escrituras? Antes de considerarmos a resposta direta para essa pergunta, digamos que as Escrituras predisseram tudo aquilo que agora vemos e ouvimos. A profecia de Judas está se cumprindo. Uma explicação completa dessa afirmativa nos afastaria da indagação acima, porém, queremos salientar esta passagem: "Estes, da mesma sorte, quais sonhadores alucinados, não só contaminam a carne, como rejeitam governo e difamam autoridades superiores" (Jd 8). Sim, até "difamam" a Dignidade suprema, o "único Soberano, o Rei dos reis e Senhor dos senhores" (1 Tm 6.15). Nossa época é, especificamente, uma época de irreverência, e, consequentemente, o espírito de insubordinação, que não tolera qualquer restrição e que deseja afastar tudo quanto venha a interferir com a livre expressão da vontade, está rapidamente engolindo a terra, como se fosse uma gigantesca onda. Os membros desta geração são os mais flagrantes ofensores, e, na decadência e desaparecimento da autoridade dos pais, temos o precursor certo do colapso da autoridade civil. Portanto, tendo em vista a crescente falta de respeito pelas leis humanas e a recusa em dar honra a quem ela é devida, não nos deve causar surpresa que o reconhecimento da majestade, da autoridade e da soberania do Legislador todo-poderoso seja relegado mais e mais a segundo plano, e que as massas tenham sempre menos paciência com aqueles que insistem sobre essas coisas.

Quem está regendo as coisas na terra, hoje em dia — Deus ou o diabo? Que dizem as Escrituras? Se cremos em suas declarações claras e positivas, não há lugar para a incerteza. Elas afirmam, vez após vez, que Deus está no trono do universo, que o cetro está em suas mãos, que ele dirige todas as coisas "conforme o conselho da sua vontade". Afirmam não somente que Deus criou todas as coisas, mas também que o Senhor domina e reina sobre todas as obras das suas mãos. Afirmam que Deus é o Todo-Poderoso, que sua vontade é irreversível, que ele é soberano absoluto em cada recanto dos seus vastos domínios. E, certamente, tem de ser assim. Há apenas uma alternativa possível: ou Deus domina, ou é dominado; ou impera, ou é subordinado; ou cumpre a sua própria vontade, ou ela é impedida por suas criaturas. Aceitando-se o fato que Deus é o "Altíssimo", o único Soberano e o Rei dos reis, revestido de sabedoria perfeita e de poder ilimitado, a irresistível conclusão a que chegamos é que ele deve ser Deus de fato, e não apenas de nome.

Tendo em vista aquilo que acabamos de expor de maneira resumida, dizemos que as condições atuais requerem, urgentemente, uma nova análise e uma nova apresentação da onipotência de Deus, da autossuficiência de Deus, da soberania de Deus. De cada púlpito da nação precisa ser proclamado que Deus ainda vive, que Deus ainda observa, que Deus ainda reina. A fé agora está no crisol, sendo provada pelo fogo; e não há lugar adequado de descanso para o coração e para a mente, a não ser no trono de Deus. O que se faz mister agora, como nunca antes, é a demonstração completa, positiva e construtiva da divindade de Deus. Enfermidades drásticas exigem remédios drásticos. As pessoas estão cansadas de trivialidades e de meras generalizações; exige-se algo mais definido e específico. Um xaropinho adocicado pode servir para crianças manhosas; porém, um complexo vitamínico contendo ferro é mais adequado para os adultos. E nada conhecemos com maior possibilidade de infundir vigor espiritual em nosso ser do que a compreensão bíblica da plenitude do caráter de Deus. Está escrito: "O povo que conhece ao seu Deus se tornará forte e ativo" (Dn 11.32).

Estamos, sem dúvida, no limiar de uma crise mundial, e, em todos os lugares, os homens estão alarmados. Mas, Deus não! ele nunca se surpreende. Não há emergência inesperada para Deus, pois ele "faz todas as cousas conforme o conselho da sua vontade" (Ef 1.11). Portanto, embora o mundo seja tomado pelo pânico, a palavra para o crente é: "Não temas". "Todas as coisas" estão sujeitas ao controle imediato de Deus; "todas as coisas" movem-se segundo o seu eterno propósito, e, assim, "todas as cousas cooperam para o bem daqueles que amam a Deus, daqueles que são chamados segundo o seu propósito" (Rm 8.28).

Tem de ser assim, porque "dele, e por meio dele, e para ele são todas as coisas" (Rm 11.36). Contudo, quão pouco se reconhece isso hoje em dia, mesmo entre o povo de Deus! Muitos supõem que Deus é pouco mais que um espectador distante, que não interfere de maneira direta nos assuntos da terra. É verdade que o homem tem vontade, mas Deus também tem vontade. É verdade que o homem é dotado de poder, mas Deus é todo-poderoso. É verdade que, falando de modo geral, o mundo material é regulado por leis, mas por detrás dessas leis, está o Legislador e Administrador delas. O homem é somente uma criatura. Deus é o Criador; e, intermináveis eras antes de o homem ver a luz pela primeira vez, já existia o "Deus Forte" (Is 9.6); e, antes da fundação do mundo, ele fez os seus planos. Sendo o Senhor infinito em poder, e o homem apenas finito, o propósito e o plano dele não podem ser resistidos ou impedidos por criaturas feitas por suas próprias mãos.

Reconhecemos, sem hesitação, que a vida é um problema profundo e que estamos circundados de mistérios por todos os lados; não somos, entretanto, como os animais do campo — ignorantes quanto à sua própria origem, sem consciência daquilo que está à sua frente. Não; "temos assim tanto mais confirmada a palavra profética", da qual se diz: "E fazeis bem em atendê-la, como a uma candeia que brilha em lugar tenebroso, até que o dia clareie e a estrela da alva nasça em vossos corações" (2 Pe 1.19). De fato, fazemos bem em atender à palavra profética, pois essa palavra não teve origem na mente do homem, mas na mente de Deus, "porque nunca jamais qualquer profecia foi dada por vontade humana, entretanto homens [santos] falaram da parte de Deus, movidos pelo Espírito Santo" (2 Pe 1.21). Uma vez mais dizemos que esta é a palavra a que devemos dar atenção. Ao abrirmos a Palavra, sendo instruídos por ela, descobrimos um princípio fundamental que deve ser aplicado a cada problema: ao invés de começarmos com o homem, para então avançarmos até chegar a Deus, devemos começar com o Senhor, para depois irmos descendo até o homem — "No princípio... Deus..." Aplique esse princípio à situação atual. Comece com o mundo em sua condição presente, procure raciocinar até chegar a Deus; tudo parecerá mostrar que Deus não tem qualquer ligação com o mundo. Comece, porém, com Deus e venha gradualmente até o mundo: luz, bastante luz, se projetará sobre o problema. Porque Deus é santo, a sua ira arde contra o pecado; porque Deus é justo, seus juízos caem sobre os que se rebelam contra ele; porque Deus é fiel, cumprem-se as ameaças solenes da sua Palavra; porque Deus é onipotente, ninguém conseguirá resistir-lhe, e, muito menos ainda, subverter-lhe o conselho; porque Deus é onisciente, nenhum problema pode vencê-lo, nenhuma dificuldade pode frustrar-lhe a sabedoria. Exatamente porque Deus possui tal natureza e tal caráter, hoje nos deparamos com o que estamos vendo na terra — o começo do cumprimento de seus juízos. Diante de sua justiça inflexível e de sua santidade imaculada, não poderíamos esperar senão aquilo que agora se descortina perante os nossos olhos.

Porém, deve ser dito com muita ênfase que o coração humano só pode descansar na bendita verdade da absoluta soberania de Deus e desfrutar desta verdade na medida em que a fé é exercida. A fé sempre se ocupa com Deus. Essa é a natureza da fé; o que a distingue da teologia intelectual. A fé permanece firme "como quem vê aquele que é invisível" (Hb 11.27); resiste às decepções, às necessidades, às angústias da vida, reconhecendo que tudo provém da mão daquele que é imensamente sábio para errar e muitíssimo amoroso para ser cruel. Mas, enquanto nos preocupamos com qualquer coisa que não seja o próprio Deus, não haverá descanso para o coração nem paz para a mente. Entretanto, quando recebemos tudo que nos advém na vida como proveniente de sua mão, então, sejam quais forem as nossas circunstâncias ou o nosso ambiente — seja num casebre, ou num cárcere, ou no madeiro do mártir — teremos a capacidade de dizer: "Caem-me as divisas em lugares amenos" (Sl 16.6). Essa é a linguagem da fé, e não da vista ou dos sentidos.

Se, entretanto, deixarmos de nos curvar perante o testemunho das Sagradas Escrituras, e de andar pela fé, para seguirmos aquilo que nossos próprios olhos veem, e, a partir disso, nos conduzirmos pelo nosso próprio raciocínio, cairemos no lamaçal do ateísmo. Ou, se estamos sendo dirigidos pelas opiniões e pelos pontos de vista de outros, não haverá mais paz para nós. Admitindo que há muita coisa que nos horroriza e nos entristece neste mundo de pecado e sofrimento; admitindo que há muita coisa que nos assusta e abala nos tratos providenciais de Deus, ainda assim, não devemos concordar com o descrente, que diz: "Se eu fosse Deus, não permitiria que isto acontecesse nem toleraria aquilo". Muito melhor do que isso, ante os mistérios que nos deixam perplexos, devemos dizer como o sábio da antiguidade: "Emudeço, não abro os meus lábios, porque tu fizeste isso" (S139.9). As Escrituras nos dizem que os juízos de Deus são insondáveis e que seus caminhos são "inescrutáveis" (Rm 11.33). É mister que seja assim, para testar-nos a fé, para fortalecer-nos a confiança na sua sabedoria e justiça, para promover nossa submissão à sua santa vontade.

Aqui reside a diferença fundamental entre o homem de fé e o homem sem fé. O descrente é "do mundo" e a tudo julga conforme os padrões terrenos; encara a vida do ponto de vista do tempo e dos sentidos, pesando tudo na balança do seu entendimento carnal. Mas o homem de fé inclui Deus em tudo, encara tudo do ponto de vista de Deus, calcula os valores segundo padrões espirituais e contempla a vida à luz da eternidade. Agindo assim, recebe o que lhe sobrevier como provindo da mão de Deus. Fazendo assim, seu coração mantém-se calmo em meio à tempestade e regozija-se na esperança da glória de Deus.

O que temos escrito reconhecemos estar em aberta oposição a muitos ensinamentos que estão em voga tanto na literatura religiosa como nos púlpitos de nosso país. Reconhecemos sem hesitação que o postulado acerca da soberania de Deus, com todos os seus resultados, está em direto contraste com as opiniões e os pensamentos do homem natural, mas a verdade é que o homem natural é inteiramente incapaz de pensar nesses assuntos; ele não é competente para fazer uma estimativa correta a respeito do caráter e dos caminhos de Deus. É por causa disso que Deus nos deixou uma revelação da sua mente, uma revelação na qual ele afirma com clareza: "Porque os meus pensamentos não são os vossos pensamentos, nem os vossos caminhos os meus caminhos, diz o SENHOR, porque, assim como os céus são mais altos do que a terra, assim são os meus caminhos mais altos do que os vossos caminhos, e os meus pensamentos mais altos do que os vossos pensamentos" (Is 55.8,9). Diante dessa citação das Escrituras, só se pode esperar que haja muita coisa na Bíblia em conflito com os sentimentos da mente carnal, que é inimizade contra Deus. Não apelamos, pois, às crenças populares de nossos dias, nem aos credos das igrejas, mas à lei e ao testemunho do Senhor. Tudo que pedimos é um exame imparcial e atento daquilo que temos escrito, lavrado com orações, à luz da Lâmpada da verdade. Que o leitor dê atenção à admoestação divina: "Julgai todas as cousas, retende o que é bom" (1 Ts 5.21).

2
A Soberania de Deus – Definição

Tua, SENHOR, é a grandeza, o poder, a honra, a vitória e a majestade; porque teu é tudo quanto há nos céus e na terra; teu, SENHOR, é o reino, e tu te exaltaste por chefe sobre todos.
1 Crônicas 29.11

"Soberania de Deus" é uma expressão que outrora era entendida por todos. Era uma frase comumente usada na literatura religiosa; um tema frequentemente exposto nos púlpitos; uma verdade que trazia conforto a muitos corações, dando maturidade e estabilidade ao caráter cristão. Hoje, porém, mencionar a soberania de Deus, em muitos ambientes, é falar uma língua desconhecida. Se, do púlpito, anunciássemos que o assunto do sermão seria a soberania de Deus, isto pareceria uma citação em alguma língua morta. É triste que seja essa a situação e que a doutrina-chave da história, a interpretação da providência, a trama e a urdidura das Escrituras, o fundamento da teologia cristã, tenha sido tão lamentavelmente negligenciado e tão pouco entendido.

Soberania de Deus! Que queremos dizer com essa expressão? Queremos afirmar a supremacia de Deus, a realeza de Deus, a divindade de Deus. Dizer que Deus é soberano é declarar que Deus é Deus. Dizer que Deus é soberano é declarar que ele é o Altíssimo, o qual tudo faz segundo sua vontade no exército dos céus e entre os moradores da terra; "Não há quem lhe possa deter a mão, nem lhe dizer: Que fazes?" (Dn 4.35). Dizer que Deus é soberano é declarar que ele é onipotente, possuidor de todo o poder nos céus e na terra, de tal maneira que ninguém pode impedir os seus conselhos, contrariar os seus propósitos ou resistir à sua vontade (Sl 115.3). Dizer que Deus é soberano é declarar que ele "governa as nações" (Sl 22.28), estabelecendo reinos, derrubando impérios e determinando o curso das dinastias, segundo o seu agrado. Dizer que Deus é soberano é declarar que ele é o "único Soberano, o Rei dos reis e Senhor dos senhores" (1 Tm 6.15). Este é o Deus da Bíblia.

Como o Deus da Bíblia é diferente do Deus da cristandade moderna! O conceito de deidade que predomina hoje em dia, mesmo entre os que professam crer nas Escrituras, é uma deplorável caricatura, uma burlesca imitação da verdade. O Deus do século XX é um ser enfraquecido e incapaz, que não infunde respeito a qualquer pessoa que realmente pensa. O Deus que as pessoas concebem em suas mentes é a invenção de um sentimentalismo banal. O Deus de muitos púlpitos dos nossos dias é objeto que inspira mais pena do que reverente temor.[1] Dizer que Deus Pai propôs a salvação de toda a raça humana, que o Filho de Deus morreu com a expressa intenção de salvar a todos os homens e que Deus Espírito Santo está agora esforçando-se por ganhar o mundo para Cristo, quando se pode observar facilmente que a grande maioria dos nossos semelhantes está morrendo no pecado e passando para uma eternidade desesperadora, seria dizer que Deus Pai está frustrado, Deus Filho está insatisfeito e Deus Espírito Santo está derrotado. Estou expressando a realidade de maneira rude, mas não há como fugir dessa conclusão. Argumentar que Deus "está fazendo o melhor que pode" para salvar toda a humanidade, mas que a maioria dos homens não lhe permite salvá-los, é dar a entender que a vontade do Criador é impotente e que a vontade da criatura é onipotente. Lançar a culpa sobre o diabo,

---

1 Há alguns anos, um pregador "evangélico" de renome nacional visitou a cidade onde morávamos; e, no decurso do sermão, repetia sempre: "Pobre Deus! Pobre Deus!" Não há dúvida que tal pregador é que merecia a nossa compaixão.

como muitos fazem, não remove a dificuldade; porque, se Satanás está anulando o propósito de Deus, então Satanás é onipotente, e Deus já não é mais o ser supremo.

Sustentar que o plano original do Criador tem sido anulado pelo pecado é destronar Deus. Sugerir que Deus foi tomado de surpresa no Éden e que agora ele procura solucionar uma calamidade imprevista é degradar o Altíssimo ao nível de um mortal finito e falível. Argumentar que é o homem quem determina o seu próprio destino e, portanto, tem o poder de paralisar o seu Criador é despojar Deus do atributo de onipotência. Dizer que a criatura rompeu os limites estabelecidos pelo Criador e que Deus agora é apenas um espectador a contemplar impassivelmente o pecado e o sofrimento causado pela queda de Adão é repudiar a clara afirmativa das Sagradas Escrituras: "Pois até a ira humana há de louvar-te; e do resíduo das iras te cinges" (Sl 76.10). Em resumo, negar a soberania de Deus é entrar em um caminho que, se for seguido até a sua conclusão lógica, leva ao completo ateísmo.

A soberania do Deus das Escrituras é absoluta, irresistível, infinita. Quando dizemos que Deus é soberano, asseveramos o seu direito de governar o universo, criado para a sua própria glória, exatamente como lhe aprouver. Afirmamos que o direito de Deus é semelhante ao direito do oleiro sobre o barro, ou seja, moldá-lo em qualquer forma que deseje, produzindo, da mesma massa, um vaso para honra e outro para desonra. Afirmamos que Deus não está sujeito a nenhuma regra ou lei fora de sua própria vontade e natureza e que ele é a sua própria lei, não tendo qualquer obrigação de prestar contas dos seus atos a quem quer que seja.

A soberania caracteriza todo o ser de Deus. Ele é soberano em todos os seus atributos. Ele é soberano no exercício do seu poder. Seu poder é exercido conforme ele quer, quando ele quer e onde ele quer. Tal fato é evidente em cada página das Escrituras. Por longo tempo, parece que esse poder se mantém passivo e, então, irrompe com força irresistível. Faraó ousou impedir que Israel fosse adorar ao Senhor no deserto. O que sucedeu? Deus manifestou seu poder, seu povo foi liberto, foram mortos os cruéis capatazes que oprimiam o povo. Um pouco mais tarde, quando os amalequitas ousaram atacar os mesmos israelitas no deserto, o que aconteceu? Deus demonstrou seu poder naquela oportunidade, intervindo exatamente como fizera no Mar Vermelho? Esses inimigos de seu povo foram imediatamente derrotados e destruídos? Não, ao contrário, o Senhor jurou que haveria "guerra do Senhor contra Amaleque de geração em geração" (Êx 17.16). Novamente, ao entrar o povo de Israel na terra de Canaã, o poder de Deus foi demonstrado de maneira marcante. A cidade de Jericó barrava o avanço dos israelitas. O que aconteceu? Israel não fez uso do arco nem deu um golpe sequer; o Senhor estendeu a mão, e os muros caíram totalmente. Mas o milagre nunca se repetiu! Nenhuma outra cidade caiu daquela maneira. Todas as demais cidades tiveram de ser tomadas pela espada!

Poderíamos citar muitos outros exemplos que ilustrariam o soberano exercício do poder de Deus. Deus pôs em operação o seu poder, e Davi se livrou de Golias, o gigante; as bocas dos leões foram fechadas, e Daniel escapou ileso; os três moços israelitas foram lançados na fornalha de fogo ardente, e saíram incólumes, sem queimaduras. Porém, nem sempre Deus interpôs o seu poder para libertar o seu povo, pois lemos: "Outros, por sua vez, passaram pela prova de escárnios e açoites, sim, até de algemas e prisões. Foram apedrejados, provados, serrados pelo meio, mortos ao fio da espada; andaram peregrinos, vestidos de peles de ovelhas e de cabras, necessitados, afligidos, maltratados" (Hb 11.36,37). Por quê? Por que estes homens de fé não foram libertados da mesma forma que os outros? Ou, por que os outros homens de fé não foram mortos tal como estes? Por que o poder de Deus interveio para salvar a alguns, mas a outros não? Por que permitiu ele que Estêvão fosse apedrejado e Pedro fosse liberto da prisão?

Deus é soberano na delegação do seu poder a outros. Por que Deus conferiu a Matusalém uma vitalidade que o capacitou a sobreviver a todos os seus contemporâneos? Por que Deus concedeu a Sansão uma força física que nenhum outro homem jamais possuiu? Está escrito: "Antes te lembrarás do SENHOR teu Deus, porque é ele que te dá força para adquirires riquezas" (Dt 8.18), mas Deus não dá essa força a todos igualmente. E, por que não? Por que concedeu tal poder a homens como Carnegie e Rockfeller? A resposta a todas essas perguntas é: porque Deus é soberano e, sendo soberano, faz o que bem lhe apraz.

Deus é soberano no exercício da sua misericórdia. É necessariamente assim, visto que a misericórdia é dirigida pela vontade daquele que a manifesta. A misericórdia não é um direito ao qual o homem faz jus. A misericórdia é aquele adorável atributo de Deus pelo qual ele tem compaixão dos miseráveis e os alivia. Mas, dentro do justo governo de Deus, ninguém é miserável sem merecer ser miserável. Os objetos da misericórdia, portanto, são os miseráveis, e a miséria é resultado do pecado; consequentemente, os miseráveis merecem o castigo, não a misericórdia. Falar sobre misericórdia merecida é uma contradição.

O exercício soberano da misericórdia de Deus — a sua compaixão para com os miseráveis — foi demonstrado quando o Senhor se tornou carne e habitou entre os homens. Ilustremos. Durante uma festa dos judeus, o Senhor Jesus subiu a Jerusalém. Chegou ao tanque de Betesda, onde "jazia uma multidão de enfermos, cegos, coxos, paralíticos [esperando que se movesse a água...]". Entre aquela multidão, havia "um homem, enfermo havia trinta e oito anos". O que sucedeu? "Jesus, vendo-o deitado e sabendo que estava assim havia muito tempo, perguntou-lhe: Queres ser curado? Respondeu-lhe o enfermo: Senhor, não tenho ninguém que me ponha no tanque, quando a água é agitada; pois, enquanto eu vou, desce outro antes de mim. Então lhe disse Jesus: Levanta-te, toma o teu leito e anda. Imediatamente o homem se viu curado e, tomando o leito, pôs-se a andar" (Jo 5.1-9). Por que aquele homem foi escolhido, no meio de todos os demais? Não é dito que ele clamara: "Senhor, tem misericórdia de mim!". Não há uma palavra, na narrativa sagrada, que dê a entender que aquele homem era dotado de qualificações que o tornassem digno de receber algum favor especial. Temos aqui, por conseguinte, um exemplo do soberano exercício da misericórdia divina, pois, teria sido tão fácil para Cristo curar toda aquela multidão de enfermos, tal como fez com aquele homem. No entanto, Cristo não agiu assim. Estendeu o seu poder e aliviou a miséria unicamente daquele sofredor e, por alguma razão que só ele conhecia, deixou de fazer o mesmo em favor dos outros doentes.

Deus é soberano no exercício da sua graça. É necessariamente assim porque a graça é dada aos que não a merecem; sim, para os que merecem o inferno. A graça é a antítese da justiça. A justiça demanda que a lei seja aplicada de maneira imparcial. A justiça exige que cada um receba o que merece legitimamente, nem mais, nem menos. A justiça não oferece favores e não escolhe pessoas. A justiça não mostra piedade e desconhece a misericórdia. A graça divina não opera em detrimento da justiça, mas a graça reina pela justiça (Rm 5.21); e é evidente que se a graça "reina", então ela é soberana.

Tem-se definido a graça como o "favor divino não merecido" Ora, se ela não é merecida[2], ninguém pode reivindicá-la como um direito inalienável. Se a graça não se ganha nem se merece, então,

---

2   Um estimado amigo, que gentilmente leu o manuscrito deste livro e a quem temos de agradecer por diversas e excelentes sugestões, observou que a graça divina é bem mais do que "favor não merecido". Dar comida a um mendigo que bate à minha porta é um "favor não merecido", mas está longe de ser graça. Suponha-se, porém, que eu alimentasse esse mendigo faminto depois de ter sido assaltado por ele — isto seria "graça". A graça, por conseguinte, é um favor demonstrado quando, na realidade, há demérito da parte de quem o recebe.

ninguém tem direito a ela. Se a graça é uma dádiva, ninguém pode exigi-la. Visto que a salvação é pela graça, pelo dom gratuito de Deus, então ele a concede a quem quiser. Visto que a salvação é pela graça, nem mesmo o principal dos pecadores está fora do alcance da misericórdia divina. Por ser a salvação pela graça, fica excluído o orgulho, e Deus recebe toda a glória.

O exercício soberano da graça é ilustrado em quase cada página das Escrituras. Os gentios são abandonados a viverem em seus próprios caminhos, ao passo que Israel se torna o povo da aliança do Senhor. Ismael, o primogênito, é rejeitado, praticamente destituído de bênçãos, enquanto Isaque, filho da velhice, é escolhido como filho da promessa. Esaú, o generoso de coração, perde o direito à bênção, enquanto o astuto Jacó recebe a herança e é moldado como um vaso de honra. Assim é também no Novo Testamento. A verdade divina é ocultada aos sábios e entendidos, mas é revelada aos pequeninos. Os fariseus e saduceus são deixados a trilhar seu próprio caminho, enquanto publicanos e meretrizes são atraídos pelos laços do amor divino.

De forma notável, a graça divina foi exercida quando do nascimento do salvador. A encarnação do Filho de Deus foi um dos maiores eventos da história do universo, mas este grande evento não foi revelado a toda a raça humana. Pelo contrário, foi revelado de maneira especial aos pastores de Belém e aos sábios do Oriente. E isso predizia e indicava o curso inteiro desta dispensação, porque até hoje Cristo não é revelado a todos. Teria sido fácil para Deus enviar uma comitiva de anjos a cada nação, para anunciar o nascimento do Filho. Porém, ele não agiu assim. Deus facilmente poderia ter atraído a atenção de toda a humanidade para a "estrela"; mas ele não o fez. Por quê? Porque Deus é soberano e dispensa os seus favores para quem quer. Note-se, em particular, as duas classes de pessoas às quais foi revelado o nascimento do salvador, a saber, às classes menos prováveis — pastores e gentios vindos de um país longínquo. Nenhum anjo se postou diante do Sinédrio e anunciou a vinda do Messias de Israel! Nenhuma "estrela" apareceu aos escribas e intérpretes da lei enquanto, no seu orgulho e sua justiça própria, pesquisavam as Escrituras! Buscavam saber com diligência onde haveria de nascer o Messias, mas não lhes foi revelado que o Messias já havia chegado! Que demonstração da soberania divina — pastores humildes foram escolhidos para receber uma honra especial, enquanto sábios e eminentes foram deixados de lado! E por que foi revelado o nascimento do salvador àqueles estrangeiros, e não àqueles em cujo meio ele nasceu? Pode-se perceber nisso um maravilhoso prenúncio da maneira pela qual Deus lidaria com sua graça, concedendo favores conforme lhe apraz, muitas vezes, às mais improváveis e indignas pessoas.

3
A Soberania de Deus na Criação

Tu és digno, Senhor e Deus nosso, de receber a glória, a honra e o poder, porque todas as cousas tu criaste, sim, por causa da tua vontade vieram a existir e foram criadas.
Apocalipse 4.11

Vimos que a soberania caracteriza todo o ser de Deus. Vejamos agora como isso marca todos os seus caminhos e modos de agir.

Na eternidade, muito antes de Gênesis 1.1, o universo não tinha ainda nascido e a criação existia apenas na mente do grande Criador. Em sua soberana majestade, Deus habitava só. Referimo-nos àquele período distante, anterior à criação dos céus e da terra. Porém, mesmo naquele tempo, se é que se poderia chamá-lo de "tempo", Deus era soberano. Poderia criar ou deixar de criar, segundo o seu prazer. Poderia ter criado desta ou daquela maneira; poderia criar um mundo ou milhões de mundos, e quem havia para resistir à sua vontade? Poderia ter trazido à existência milhões de criaturas, colocando-as em condições de absoluta igualdade, dotando-as com as mesmas faculdades e dispondo-as no mesmo meio ambiente; ou poderia criar milhões de criaturas, cada qual diferente das demais, nada possuindo em comum, senão o fato de terem sido criadas; e quem havia para desafiar esse direito de Deus? Se lhe aprouvesse, poderia ter trazido à existência um mundo tão imenso, que suas dimensões ultrapassariam totalmente os cálculos finitos; e, se assim ele se dispusesse, poderia criar um organismo tão pequeno que nem sequer o mais poderoso microscópio poderia revelar a sua existência aos olhos humanos. Ele tinha o soberano direito de criar, por um lado, os nobres serafins para refulgirem ao redor do seu trono e, por outro lado, o minúsculo inseto que morre à mesma hora em que nasce. Se o Deus onipotente ordenou que exista vasta graduação no seu universo, desde o serafim mais elevado até o réptil, desde os planetas nos seus cursos até os átomos, desde o macrocosmo até o microcosmo, ao invés de uma completa uniformidade, quem haveria para questionar o seu soberano beneplácito?

Pense, pois, no exercício da soberania de Deus muito tempo antes de o homem ter visto a luz pela primeira vez. Com quem Deus tomou conselho, na criação das suas criaturas e na colocação delas em seu devido lugar? Contemple os pássaros voando pelo ar, os animais vagando pela terra, os peixes nadando nos mares e pergunte, então: "Quem fez a diferença existente entre eles? Não foi o Criador que de maneira soberana determinou os vários habitats e a várias adaptações para a existência deles?"

Dirija o seu olhar para os céus, contemple os mistérios da soberania divina que ali confrontam o observador perspicaz: "Uma é a glória do sol, outra a glória da lua, e outra a das estrelas; porque até entre estrela e estrela há diferenças de esplendor" (1 Co 15.41). Por que existem essas diferenças? Por que o sol é mais glorioso do que os planetas que o cercam? Por que há estrelas de primeira grandeza e outras de décima grandeza? Por que há desigualdades tão espantosas? E por que há estrelas cadentes, "estrelas errantes" (Jó 13), ou seja, estrelas arruinadas? A única resposta possível é: "Por causa da tua vontade vieram a existir e foram criadas" (Ap 4.11).

Agora, pense em nosso planeta. Por que dois terços de sua superfície estão cobertos de água? Por que tão grande parte do terço restante é imprópria para a agricultura e para a habitação humana? Porque há tão vastas áreas pantanosas, desertos e geleiras? Por que um país é topograficamente tão inferior a outro? Por que um é fértil e outro quase estéril? Por que um é rico em minérios, enquanto outro nada pode oferecer? Por que o clima de um país é ameno e saudável e o outro é o oposto? Por que um país tem rios e lagos em abundância e outro é quase desprovido deles? Por que um país está constantemente sendo sacudido por terremotos e outro é quase totalmente livre deles? Por quê? Porque assim foi da vontade do Criador e Sustentador de todas as coisas.

Considere o reino animal e note a maravilhosa variedade. Que comparação é possível entre o leão e o cordeiro, o urso e o cabrito, o elefante e o rato? Alguns, tais como o cavalo e o cachorro, são dotados de grande inteligência; outros, tais como ovelhas e porcos, parecem ser quase totalmente destituídos dela. Por quê? Alguns foram destinados a ser animais de carga, enquanto outros gozam de uma vida de liberdade. Por que a mula e o jumento estão submetidos a um destino de penosa labuta, enquanto o leão e o tigre têm licença de percorrer a floresta a seu bel-prazer? Alguns deles são próprios para o consumo humano; outros não. Alguns são belos; outros, feios. Alguns são dotados de grande força física; outros parecem totalmente indefesos. Alguns correm velozes; outros mal conseguem arrastar-se — é o contraste entre o coelho e a tartaruga. Alguns são úteis ao homem; outros não parecem ter qualquer valor. Alguns vivem durante anos; outros, no máximo, alguns meses. Alguns são mansos; outros são ferozes. Por que todas essas variações e diferenças?

Isto também se aplica aos pássaros e aos peixes. Considere agora o reino vegetal. Por que as rosas têm espinhos e os lírios crescem sem eles? Por que uma flor emite aroma perfumado, e outra não possui aroma algum? Por que uma árvore produz frutos sadios, e outra frutos venenosos? Por que um vegetal suporta bem a geada, enquanto outro murcha sob as mesmas condições? Por que uma macieira se carrega de frutos, ao passo que outra, da mesma idade e plantada no mesmo pomar, é quase estéril? Por que uma planta floresce uma dúzia de vezes por ano, e outra o faz apenas uma vez em cada século?

Na verdade, "tudo quanto aprouve ao Senhor, ele o fez, nos céus e na terra, no mar e em todos os abismos" (Sl 135.6).

Considere as hostes angelicais. Certamente acharia uniformidade aqui; no entanto, não é assim. Como no resto do universo, o mesmo soberano beneplácito do Criador aqui se evidencia. Alguns anjos têm uma posição superior a de outros; alguns são mais poderosos do que outros; alguns estão mais perto de Deus do que outros. As Escrituras revelam uma graduação específica e bem definida nas ordens angelicais. Dos arcanjos, serafins e querubins, chegamos aos "principados e potestades" (Ef 3.10), e, de "principados e potestades, a dominadores" (Ef 6.12), e então aos simples "anjos"; e, mesmo entre estes, lemos de "anjos eleitos" (1 Tm 5.21). Outra vez indagamos, por que essa desigualdade, essa diferença em hierarquia e ordem? Podemos apenas dizer: "No céu está o nosso Deus; e tudo faz como lhe agrada" (Sl 115.3).

Se, pois, percebemos a soberania de Deus demonstrada através de toda a criação, por que deve ser tido como coisa estranha quando a vemos operando no meio da raça humana? Por que se vê como estranho o fato que Deus se compraz em dar cinco talentos a uma pessoa, mas apenas um para outra? Por que estranhar quando este nasce com uma constituição robusta, mas aquele, embora tendo os mesmos pais, é fraco e doente? Por que julgar estranho quando Abel é ceifado na flor da vida, enquanto Caim tem permissão para viver ainda muitos e muitos anos? Por que acharmos estranho que alguns nascem sem muita inteligência e outros com grandes dotes intelectuais; que alguns nascem fisicamente letárgicos e outros plenos de energia; que alguns nascem com temperamento egoísta e violento, enquanto outros são naturalmente meigos, submissos e gentis? Por que deve ser considerado estranho o fato que alguns são naturalmente qualificados para liderar e governar, mas outros têm capacidade apenas para seguir e servir? A hereditariedade e o meio ambiente não são responsáveis por todas essas variedades e diferenças. Não; é Deus quem faz uma coisa diferente da outra. Por que ele assim o faz? "Sim, ó Pai, porque assim foi do teu agrado" (Mt 11.26) — essa deve ser a nossa resposta.

Aprenda, portanto, essa verdade fundamental, que o Criador é absolutamente soberano, executando a sua própria vontade, cumprindo o seu próprio beneplácito, nada, considerando senão a sua própria glória. "O Senhor fez todas as cousas para determinados fins" (Pv 16.4). Não tinha ele o direito absoluto de agir assim? Porque Deus é Deus, quem ousaria desafiar suas prerrogativas? Murmurar contra ele é franca rebeldia. Questionar os seus caminhos é contestar a sua sabedoria. Criticá-lo é cometer pecado da pior espécie. Seria o caso de termos esquecido quem ele é? Veja: "Todas as nações são perante ele como cousa que não é nada; ele as considera menos do que nada, como um vácuo. Com quem comparareis a Deus? Ou que cousa semelhante confrontareis com ele?" (Is 40.17,18).

4
A Soberania de Deus na Administração

Nos céus estabeleceu o SENHOR o seu trono, e o seu reino domina sobre tudo. Salmos 103.19

Inicialmente, uma palavra sobre a necessidade de Deus governar o mundo material. Suponhamos, por um instante, que esse não fosse o caso. Apenas levantando uma hipótese, suponhamos que Deus tivesse criado o mundo, planejando e estabelecendo certas leis (que os homens denominam de "leis da natureza"), e que então tivesse se afastado, deixando o mundo entregue à sua sorte e aos cuidados dessas leis. Em tal caso, teríamos um mundo sobre o qual não haveria nenhum governante inteligente, um mundo controlado por nada mais que leis impessoais — um conceito que condiz com o materialismo grosseiro e com o ateísmo. Mas, suponhamos assim por um momento e, à luz dessa suposição, consideremos a seguinte pergunta: Que garantia há de que um dia, talvez em breve, o mundo não será destruído? "O vento sopra onde quer..." significa que homem nenhum pode domá-lo ou impedi-lo. Às vezes, o vento sopra com grande fúria; pode ser que de repente alcance grande velocidade, até transformar-se em um furacão de alcance mundial. Se nada há além de leis da natureza regulando o vento, talvez amanhã poderá surgir um tremendo tufão que engolfe tudo quanto existe na superfície da terra, efetuando uma total destruição. Que garantia temos de que essa calamidade não sobrevirá? Da mesma forma, temos ouvido e lido muita coisa, em anos recentes, sobre súbitos aguaceiros, inundando distritos inteiros, causando terríveis danos e destruindo bens e vidas. O homem se vê indefeso perante essas coisas, porquanto a ciência não dispõe de meios para evitar esses aguaceiros. Então, como podemos ter a certeza de que eles não serão multiplicados indefinidamente e de que a terra inteira não será submergida em um dilúvio ocasionado por tal volume de água? Não seria novidade se isso acontecesse. Por que não poderia haver uma repetição do dilúvio dos dias de Noé? E o que dizermos dos terremotos? De vez em quando, no período de poucos anos, uma ilha ou uma grande cidade é arrasada por um deles, sendo completamente destruída — e o que o homem pode fazer? Qual é a garantia de que um gigantesco terremoto não destruirá o mundo inteiro dentro em breve? Com certeza, o leitor percebe o que estamos querendo dizer: Negue-se que Deus governa a matéria, negue-se que é Deus quem sustenta "todas as cousas pela palavra do seu poder" (Hb 1.3), e lá se foi todo o senso de segurança!

Sigamos a mesma linha de raciocínio no que diz respeito à raça humana. Deus está governando o nosso mundo? Está moldando os destinos das nações, controlando a história dos impérios, determinando os limites das dinastias? Prescreveu ele limites às atividades de malfeitores e outros, dizendo: Chegarão até aqui e não irão além? Vamos supor, por um momento, que o oposto acontecesse. Suponhamos que Deus entregasse o governo do mundo às mãos de suas criaturas e vejamos para onde nos levaria tal suposição. Para a finalidade dessa hipótese, suponhamos que cada homem entre neste mundo dotado de vontade absolutamente livre e que é impossível governar o ser humano sem destruir sua liberdade. Se esse fosse o caso, não teríamos qualquer garantia de que a raça humana inteira não se suicidaria moralmente. Uma vez que todas as restrições divinas fossem removidas, deixando o homem absolutamente livre para fazer o que lhe agrada, logo desapareceriam todas as distinções éticas, o espírito de barbarismo prevaleceria universalmente e a confusão reinaria suprema. Por que não? Se uma nação rejeita as suas leis e repudia a sua constituição, o que impede as demais nações de fazerem o mesmo? Se, há algum tempo, jorrava pelas ruas de Paris o sangue dos amotinados, que garantia temos de que, antes do fim do presente século, todas as cidades do mundo inteiro não serão palco de cenas similares? O que existe para impedir a desordem e a anarquia generalizada pelo mundo inteiro? Assim, temos procurado demonstrar a imperativa necessidade de Deus ocupar o trono, de tomar o governo sobre os seus ombros e de controlar as atividades e o destino de suas criaturas.

Tendo demonstrado, de maneira resumida, a imperativa necessidade de Deus reinar sobre nosso mundo, observemos, agora, o fato que Deus verdadeiramente reina e que seu governo se estende e é exercido sobre todas as coisas e todas as criaturas.

1. Deus Governa a Matéria Inanimada

Que Deus governa a matéria inanimada e que esta obedece as suas ordens e os seus decretos, demonstra-se claramente na própria página introdutória da revelação divina. Deus disse: "Haja luz", e "houve luz". Deus disse: "Ajuntem-se as águas debaixo dos céus num só lugar, e apareça a porção seca. E assim se fez". Da mesma forma: "Produza a terra relva, ervas que deem semente e árvores frutíferas que deem fruto segundo a sua espécie, cuja semente esteja nele, sobre a terra. E assim se fez" (Gn 1.3,9,11). E o salmista declara: "Pois ele falou, e tudo se fez; ele ordenou, e tudo passou a existir" (Sl 33.9).

O que se afirma no primeiro capítulo do livro de Gênesis é confirmado pela Bíblia inteira. Quando a iniquidade dos homens antediluvianos chegou à medida plena, Deus anunciou: "Estou para derramar águas em dilúvio sobre a terra para consumir toda carne em que há fôlego de vida debaixo dos céus; tudo o que há na terra perecerá"; e, em cumprimento disso, lemos: "No ano seiscentos da vida de Noé, aos dezessete dias do segundo mês, nesse dia romperam-se todas as fontes do grande abismo, e as comportas dos céus se abriram, e houve copiosa chuva sobre a terra durante quarenta dias e quarenta noites" (Gn 6.17 e 7.11,12).

Veja o absoluto e soberano controle de Deus sobre a matéria inanimada, em relação às pragas sobre o Egito. Mediante uma ordem dele, a luz se transformou em trevas, e o rio em sangue; choveu granizo e a morte desceu sobre a ímpia terra do Nilo, até que seu orgulhoso monarca foi forçado a clamar por socorro. Note-se especialmente como o registro inspirado salienta o absoluto controle de Deus sobre os elementos da natureza — "E Moisés estendeu a sua vara para o céu; o SENHOR deu trovões e chuva de pedras, e fogo desceu sobre a terra; e fez o SENHOR cair chuva de pedras sobre a terra do Egito. De maneira que havia chuva de pedras, e fogo misturado com a chuva de pedras, tão grave, qual nunca houve em toda a terra do Egito, desde que veio a ser uma nação. Por toda a terra do Egito a chuva de pedras feriu tudo quanto havia no campo, tanto homens como animais; feriu também a chuva de pedras toda planta do campo, e quebrou todas as árvores do campo. Somente na terra de Gósen, onde estavam os filhos de Israel, não havia chuva de pedras" (Êx 9.23-26). A mesma distinção se observa em relação à nona praga: "Então disse o SENHOR a Moisés: Estende a tua mão para o céu, e virão trevas sobre a terra do Egito, trevas que se possam apalpar. Estendeu, pois, Moisés a mão para o céu, e houve trevas espessas sobre toda a terra do Egito por três dias; não viram uns aos outros, e ninguém se levantou do seu lugar por três dias; porém, os filhos de Israel todos tinham luz nas suas habitações" (Êx 10.21-23).

Os exemplos acima não são casos isolados, de modo algum. Pelo decreto de Deus, fogo e enxofre desceram do céu, e foram destruídas as cidades da planície, e um vale fértil foi transformado em horrendo lamaçal de morte. Deus ordenou e as águas do Mar Vermelho se dividiram ao meio, de modo que os israelitas o atravessaram em terra seca. De novo, ele ordenou e as águas retrocederam, destruindo os egípcios que perseguiam os israelitas. Com uma palavra da parte dele, a terra abriu-se e Coré e sua companhia de rebeldes foram engolidos. A fornalha de Nabucodonosor foi aquecida "sete vezes" além de sua temperatura normal, e três dos filhos de Deus foram lançados ali; mas o fogo nem sequer lhes chamuscou as roupas, apesar de ter matado os soldados que os lançaram naquele temível lugar.

Uma grande demonstração do poder do Criador sobre os elementos da natureza foi dada quando ele se fez carne e veio habitar entre os homens! Ei-lo dormindo no barco. Levanta-se uma tempestade. Os ventos sibilam e as ondas se encapelam, enfurecidas. Os discípulos, temerosos de que o barquinho afundasse, despertam o Mestre, bradando: "Mestre, não te importa que pereçamos?" Em seguida, lemos: "E ele, despertando, repreendeu o vento e disse ao mar: Acalma-te, emudece! O vento se aquietou e fez-se grande bonança" (Mc 4.39). Notemos também que o mar, segundo a vontade daquele que o criou, sustentou-o por sobre as ondas. Ele proferiu a sua palavra e a figueira murchou; ao seu toque, as enfermidades fugiam instantaneamente.

Os corpos celestes, semelhantemente, são regidos pelo seu Criador, cumprindo o soberano beneplácito dele. Tomemos dois exemplos. Segundo a ordem de Deus, o sol voltou dez graus no relógio de Acaz para ajudar Ezequias e sua pequena fé. Na época do Novo Testamento, Deus usou uma estrela para anunciar a encarnação de seu Filho — a estrela que apareceu aos sábios do Oriente. Essa estrela, conforme somos informados, "os precedia, até que, chegando, parou sobre onde estava o menino" (Mt 2.9).

Veja esta notável declaração: "Ele envia as suas ordens à terra, e a sua palavra corre velozmente; dá a neve como lã e espalha a geada como cinza. Ele arroja o seu gelo em migalhas: quem resiste ao seu frio? Manda a sua palavra e o derrete; faz soprar o vento, e as águas correm" (Sl 147.15-18). As mudanças nos elementos da natureza estão sujeitas ao controle soberano de Deus. É Deus que retém a chuva e quem a dá, quando, onde, conforme e sobre quem lhe apraz. As estações meteorológicas lutam por fazer previsões do tempo; quão frequentemente, porém, Deus zomba dos seus cálculos! Manchas solares, as variações dos planetas, o aparecimento e o desaparecimento de cometas (aos quais algumas vezes se atribui as anormalidades climáticas) e os distúrbios atmosféricos são meramente causas secundárias, porque por detrás delas está o próprio Deus. Deixe que a palavra dele fale uma vez mais: "Além disso, retive de vós a chuva, três meses ainda antes da ceifa; e fiz chover sobre uma cidade, e sobre a outra não; um campo teve chuva, mas o outro, que ficou sem chuva, se secou. Andaram duas ou três cidades, indo a outra cidade, para beberem água, mas não se saciaram: contudo não vos convertestes a mim, disse o SENHOR. Feri-vos com o crestamento e a ferrugem; a multidão das vossas hortas, e das vossas vinhas, e das vossas figueiras, e das vossas oliveiras, devorou-a o gafanhoto; contudo, não vos convertestes a mim, disse o SENHOR. Enviei a peste contra vós outros à maneira do Egito; os vossos jovens matei-os à espada, e os vossos cavalos deixei-os levar presos, e o mau cheiro dos vossos arraiais fiz subir aos vossos narizes; contudo não vos convertestes a mim, disse o SENHOR" (Am 4.7-10).

Verdadeiramente, portanto, Deus governa a matéria inanimada. A terra e o ar, o fogo e a água, o granizo e a neve, os ventos tempestuosos e os mares bravios, todos cumprem a palavra do seu poder e executam a sua soberana vontade. Portanto, ao queixar-nos do clima, na realidade estamos queixando-nos de Deus.

2. Deus Governa as Criaturas Irracionais

Que notável ilustração do governo divino sobre o reino animal se acha em Gênesis 2.19! "Havendo, pois, o SENHOR Deus formado da terra todos os animais do campo e todas as aves dos céus, trouxe-os ao homem, para ver como este lhes chamaria; e o nome que o homem desse a todos os seres viventes, esse seria o nome deles". Se alguém disser que isso só ocorreu no Éden, antes da queda de Adão e da consequente maldição que foi infligida contra cada criatura, então nossa próxima referência refuta plenamente a objeção; o controle que Deus exerce sobre os animais foi abertamente demonstrado uma vez mais por ocasião do dilúvio. Note-se como Deus fez cada tipo de ser vivo chegar a Noé: "De tudo o que vive, de toda carne, dois de cada espécie, macho e fêmea, farás entrar na arca, para conservares vivos contigo. Das aves segundo as suas espécies, do gado segundo as suas espécies, de todo réptil da terra segundo as suas espécies, dois de cada espécie virão a ti" (Gn 6.19,20) — todos estavam sob o controle soberano do Senhor. O leão da floresta, o elefante da selva, o urso das regiões polares; a pantera feroz, o lobo indomável, o tigre bravio; a águia, que voa alto, e o crocodilo, que rasteja; veja-os todos em sua ferocidade natural, porém, silenciosamente submissos à vontade do seu Criador, chegando para dentro da arca, aos pares!

Já aludimos às pragas mandadas contra os egípcios como ilustração do controle divino sobre a matéria inanimada; vamos examiná-las de novo para ver como demonstram o perfeito domínio que Deus exerce sobre os seres irracionais. Ele ordenou e o rio produziu abundância de rãs, que entraram no palácio de Faraó e nas casas de seus servos e, contrariando os seus instintos naturais, entravam nas camas, nos fornos e nas amassadeiras (Êx 8.3). Enxames de moscas invadiram a terra do Egito, mas não havia moscas na terra de Gósen! (Êx 8.22). Em seguida, Deus feriu o gado; e lemos: "Eis que a mão do SENHOR será sobre o teu rebanho, que está no campo, sobre os cavalos, sobre os jumentos, sobre os camelos, sobre o gado, sobre as ovelhas, com pestilência gravíssima. E o SENHOR fará distinção entre os rebanhos de Israel e o rebanho do Egito, para que nada morra de tudo o que pertence aos filhos de Israel. O SENHOR designou certo tempo, dizendo: Amanhã fará o SENHOR isto na terra. E o SENHOR o fez no dia seguinte, e todo o rebanho dos egípcios morreu; porém, do rebanho dos israelitas não morreu nem um" (Êx 9.3-6). Da mesma forma, Deus enviou nuvens de gafanhotos para atormentar a Faraó e a sua terra, e ele marcou a época da vinda dos gafanhotos, determinando o curso e os limites da devastação que eles fariam.

Os anjos não são os únicos seres que cumprem as ordens de Deus. As feras do campo também realizam a vontade dele. A arca sagrada, a arca da aliança, estava na terra dos filisteus. Como seria trazida de volta? Notemos quais foram os servos escolhidos por Deus para esse mister e como se achavam sob o total controle divino. Os filisteus "chamaram os sacerdotes e os adivinhadores, e lhes disseram: Que faremos da arca do SENHOR? Fazei-nos saber como a devolveremos para o seu lugar. Responderam eles... Agora, pois, fazei um carro novo, tomai duas vacas com crias, sobre as quais não se pôs ainda jugo, e atai-as ao carro; seus bezerros, levá-los-eis para casa. Então tomai a arca do SENHOR, e ponde-a sobre o carro, e metei num cofre, ao seu lado, as figuras de ouro que lhe haveis de entregar como oferta pela culpa; e deixai-a ir. Reparai se subir pelo caminho rumo do seu território a Bete-Semes, foi ele que nos fez este grande mal; e, se não, saberemos que não foi a sua mão que nos feriu; foi casual o que nos sucedeu". Que aconteceu? Como é notável o que se seguiu! "As vacas se encaminharam diretamente para Bete-Semes e, andando e berrando, seguiam sempre por esse mesmo caminho, sem se desviarem nem para a direita nem para a esquerda" (1 Sm 6). Igualmente admirável é o caso de Elias: "Veio--lhe a palavra do SENHOR, dizendo: Retira-te daqui, vai para a banda do oriente e esconde-te junto à torrente de Querite, fronteira ao Jordão. Beberás da torrente; e ordenei aos corvos que ali mesmo te sustentem" (1 Rs 17.2-4). O instinto natural daquelas aves foi submetido à vontade divina, de maneira tal que, ao invés de elas mesmas consumirem a comida, levavam-na ao servo do Senhor, em seu retiro solitário.

Haveria necessidade de mais provas? Há provas em abundância. Deus fez com que um mudo jumento repreendesse a loucura do profeta. Ele enviou duas ursas para devorarem quarenta e dois rapazinhos que atormentavam a Eliseu. Cumprindo a sua própria palavra, Deus fez com que os cães devorassem a carne da maldita Jezabel. Fechou as bocas dos leões, quando Daniel foi lançado na cova, embora, posteriormente, tenha feito com que devorassem os acusadores do profeta. Preparou um grande peixe para engolir o desobediente Jonas e, então, chegada a hora por ele determinada, fê-lo vomitar o profeta em terra seca. De conformidade com uma ordem divina, um peixe proveu a moeda para Pedro pagar o tributo. Percebemos, por conseguinte, que Deus reina sobre as suas criaturas irracionais; os animais do campo, as aves do céu, os peixes do mar, todos cumprem as soberanas ordens dele.

3. Deus Governa os Filhos dos Homens

Reconhecemos que essa é a parte mais difícil do nosso assunto e, portanto, dela trataremos com mais pormenores, nas páginas que se seguem. No momento, porém, consideraremos apenas o governo de Deus sobre os homens, de forma geral, antes de abordarmos os detalhes da questão.

Defrontamo-nos com alternativas e nos vemos forçados a escolher entre elas: ou Deus governa, ou é governado; ou Deus domina, ou é dominado; ou Deus cumpre a sua vontade, ou os homens cumprem a deles. É difícil fazermos nossa escolha entre essas alternativas? Teremos de dizer que vemos o homem como uma criatura tão indomável, que está além do controle de Deus? Precisaremos dizer que o pecado alienou o pecador para tão longe daquele que é três vezes santo, que o pecador está fora do âmbito da jurisdição divina? Ou diremos que o homem, por ter sido dotado de responsabilidade moral, precisa ser deixado fora do controle de Deus, pelo menos durante o período de sua provação? Visto ser o homem natural um fora-da-lei quanto ao céu, um rebelde contra o governo divino, segue-se necessariamente que Deus é incapaz de cumprir o seu propósito por meio dele? Queremos dizer não só que Deus pode revogar os efeitos das ações dos malfeitores, como também que, por fim, ele chamará os maus, perante seu trono de juízo, para que a sentença de castigo seja pronunciada contra eles — multidões de não cristãos creem nessas coisas. Queremos dizer, além disso, que cada ação do mais desregrado dos seus súditos está inteiramente sob o seu controle; sim, queremos dizer que enquanto o homem age, apesar de não o saber, cumpre as secretas determinações do Altíssimo. Não sucedeu assim com Judas? Será possível selecionar algum caso mais extremo do que esse? Portanto, se o arquirrebelde estava cumprindo o plano de Deus, crer a mesma coisa a respeito de todos os demais rebeldes será um fardo demasiadamente pesado para ser suportado pela nossa fé?

Nosso objetivo não é uma inquirição filosófica ou uma casuística transcendental; e sim, determinar qual o ensino das Escrituras quanto a esse assunto tão profundo, baseados na Lei e no testemunho, porque é somente assim que podemos aprender acerca do governo divino — seu caráter, plano, modo de operar e objetivo. O que, então, aprouve a Deus revelar-nos em sua bendita Palavra quanto ao seu domínio sobre as obras de suas mãos e, de maneira especial, sobre aquele que originalmente foi criado à sua imagem e semelhança?

"Nele vivemos, e nos movemos, e existimos" (At 17.28). Que extraordinária declaração é esta! Estas palavras, devemos notar, foram dirigidas não a uma das igrejas de Deus, nem a algum grupo de santos que já atingira alto nível de espiritualidade, e sim, foram dirigidas a um auditório pagão, a pessoas que adoravam o "DEUS DESCONHECIDO" e que zombaram quando ouviram falar da ressurreição dentre os mortos. Mesmo assim, perante os filósofos atenienses, perante os epicureus e estóicos, o apóstolo Paulo não hesitou em afirmar que viviam, se moviam e existiam em Deus, isto é, que não somente deviam sua existência e preservação àquele que criou o mundo e tudo o que nele há, mas também que as suas próprias ações eram supervisionadas e, portanto, controladas pelo Senhor dos céus e da terra (Dn 5.23).

"O coração do homem pode fazer planos, mas a resposta certa dos lábios vem do SENHOR" (Pv 16.1). Note que essa declaração tem uma aplicação geral — aplica-se ao "homem", e não somente aos crentes. "O coração do homem traça o seu caminho, mas o SENHOR lhe dirige os passos" (Pv 16.9). Se o Senhor dirige os passos do homem, não é prova de que este é governado ou controlado por Deus? De igual modo: "Muitos propósitos há no coração do homem, mas o desígnio do SENHOR permanecerá" (Pv 19.21). Pode isso significar algo menos que, sem importar o que o homem deseje ou planeje, é a vontade do Criador que é executada? Ilustremos com a parábola do rico insensato. Os propósitos do seu coração nos são expostos: "E arrazoava consigo mesmo, dizendo: Que farei, pois não tenho onde recolher os meus frutos? E disse: Farei isto: Destruirei os meus celeiros, reconstrui-los-ei maiores e aí recolherei todo o meu produto e todos os meus bens. Então direi à minha alma: Tens em depósito muitos bens para muitos anos; descansa, come e bebe, e regala-te". Tais foram os propósitos do seu coração; no entanto, foi o "desígnio do SENHOR" que prevaleceu. O "farei" do rico insensato foi reduzido a nada, porque "Deus lhe disse: Louco, esta noite te pedirão a tua alma" (Lc 12.16-21).

"Como ribeiros de águas, assim é o coração do rei na mão do SENHOR; este, segundo o seu querer, o inclina" (Pv 21.1). O que poderia ser mais evidente? Do coração "procedem as fontes da vida"

(Pv 4.23), e, conforme o homem "imagina em sua alma, assim ele é" (Pv 23.7). Se o coração está na mão do Senhor e Este o inclina segundo o seu querer, é claro que os homens, sim, os governadores e reis, e, portanto, todos os homens, estão sob o governo do Todo-Poderoso!

Nenhuma limitação se deve fazer às declarações acima. Insistir que alguns homens, pelo menos, conseguem impedir o exercício da vontade divina e subverter o seu conselho é repudiar outros trechos bíblicos que são tão claros quanto estes. Pese bem o seguinte: "Mas, se ele resolveu alguma cousa, quem o pode dissuadir? O que ele deseja, isso fará" (Jó 23.13). "O conselho do SENHOR dura para sempre, os desígnios do seu coração por todas as gerações" (Sl 33.11). "Não há sabedoria, nem inteligência, nem mesmo conselho contra o SENHOR" (Pv 21.30). "Porque o SENHOR dos Exércitos o determinou; quem, pois, o invalidará? A sua mão está estendida; quem, pois, a fará voltar atrás?" (Is 14.27). "Lembrai-vos das cousas passadas da antiguidade; que eu sou Deus e não há outro, eu sou Deus e não há outro semelhante a mim; que desde o princípio anuncio o que há de acontecer e desde a antiguidade as cousas que ainda não sucederam; que digo: O meu conselho permanecerá de pé, farei toda a minha vontade" (Is 46.9, 10). Não existe qualquer ambiguidade nessas diversas passagens. Afirmam elas, da maneira mais taxativa e inequívoca, que é impossível o propósito do Senhor ser reduzido ao nada.

Lemos as Escrituras em vão, se não descobrimos nelas que as ações dos homens, quer sejam más ou boas, são governadas pelo Senhor Deus. Ninrode e seus companheiros resolveram erigir a torre de Babel, mas antes que a completassem, Deus lhes frustrou os planos. Jacó era o filho a quem a herança fora prometida, e, embora Isaque procurasse reverter o decreto do Senhor e dar a bênção a Esaú, seus esforços não prevaleceram. Esaú jurou que se vingaria de Jacó, mas, finalmente, quando se encontraram, choraram de alegria, ao invés de lutarem com ódio. Os irmãos de José resolveram destruí-lo, mas os seus intentos foram frustrados. Faraó se recusou a deixar Israel cumprir as instruções do Senhor e o que alcançou com isso foi perecer no Mar Vermelho. Balaque pagou Balaão para amaldiçoar aos israelitas, porém Deus compeliu Balaão a abençoá-los. Hamã erigiu uma forca destinada a Mordecai; porém, foi o próprio Hamã que nela pereceu enforcado. Jonas resistiu à vontade de Deus; mas, o que conseguiu com todos os seus esforços?

Sim, os gentios podem enfurecer-se e os povos imaginar "cousas vãs"; os reis da terra podem levantar-se e os príncipes conspirar contra o Senhor e contra o seu Cristo, dizendo: "Rompamos os seus laços e sacudamos de nós as suas algemas" (Sl 2.1-3). Mas, apesar disso, o grande Deus se perturba com a rebeldia de suas tão débeis criaturas? Certamente que não: "Ri-se aquele que habita nos céus; o SENHOR zomba deles" (v.4). Ele está infinitamente acima de todos, e a maior confederação dos poderes da terra e seus mais vigorosos e intensos preparativos, para combater-lhe os propósitos, são, aos olhos dele, inteiramente pueris. Ele atenta para os vãos esforços dos homens, não somente sem alarmar-se, mas também a rir-se e a zombar da estultícia e da fraqueza deles. Sabe que pode esmagá-los como traças, quando quiser fazê-lo, ou consumi-los com o sopro da sua boca, num só instante. De fato, é ridículo que os cacos de barro da terra contendam com a gloriosa Majestade celestial. Tal é o nosso Deus; adorai-o.

4. Deus Governa os Anjos, Tanto os Bons Como os Maus

Os anjos são servos de Deus, mensageiros e instrumentos dele. Estão sempre atentos à ordem de Deus, para cumprir a vontade dele. "Enviou Deus um anjo a Jerusalém, para destruí-la; ao destruí-la, olhou o SENHOR, e se arrependeu do mal, e disse ao anjo destruidor: Basta, retira agora a tua mão... O SENHOR deu ordem ao anjo, e ele meteu a sua espada na bainha" (1 Cr 21.15,27). Muitos outros trechos bíblicos poderiam ser citados para demonstrar que os anjos são submissos à vontade do seu Criador e cumprem as ordens dele — "Então Pedro, caindo em si, disse: Agora sei verdadeiramente que o Senhor enviou o seu anjo e me livrou da mão de Herodes" (At 12.11). "O Senhor, o Deus dos espíritos dos profetas, enviou seu anjo para mostrar aos seus servos as cousas que em breve devem acontecer" (Ap 22.6). Assim será quando nosso Senhor voltar: "Mandará o Filho do homem os seus anjos, que ajuntarão do seu reino todos os escândalos e os que praticam a iniquidade" (Mt 13.41). E lemos também: "E ele enviará os seus anjos, com grande clamor de trombeta, os quais reunirão os seus escolhidos, dos quatro ventos, de uma a outra extremidade dos céus" (Mt 24.31).

Outro tanto se pode dizer acerca dos espíritos malignos: eles também cumprem os soberanos decretos do Senhor. Um espírito mau foi enviado para levantar rebeldia no arraial de Abimeleque (Jz 9.23). Outro espírito mau foi enviado para ser espírito de mentira na boca dos profetas de Acabe — "Eis que o SENHOR pôs o espírito mentiroso na boca de todos estes teus profetas, e o SENHOR falou o que é mau contra ti" (1 Rs 22.23). Ainda um outro espírito foi mandado da parte do Senhor a fim de atormentar o rei Saul: "Tendo-se retirado de Saul o Espírito do SENHOR, da parte deste um espírito maligno o atormentava" (1 Sm 16.14). Assim também, no Novo Testamento, uma legião inteira de demônios não deixou sua vítima enquanto o Senhor não lhes concedeu permissão para entrarem na vara de porcos.

Portanto, à luz das Escrituras, é claro que os anjos, bons ou maus, estão sob o controle de Deus e, querendo ou não, cumprem o propósito divino. Sim, o próprio Satanás está absolutamente sujeito ao controle do Senhor. Ao ser chamado a julgamento, no Éden, escutou a terrível sentença, embora não respondesse uma palavra. Foi incapaz de atingir a Jó, enquanto o Senhor não lhe deu permissão. Por semelhante modo, foi-lhe necessário obter o consentimento do Senhor antes de poder "peneirar" a Pedro. Quando Cristo o mandou retirar-se: "Retira-te, Satanás", lemos: "Com isto, o deixou o diabo" (Mt 4.11). Por fim, o diabo será lançado no lago de fogo, preparado para ele e seus anjos.

O Senhor Deus onipotente reina. Seu governo é exercido sobre a matéria inanimada, sobre as feras do campo, sobre os filhos dos homens, sobre os anjos bons e maus e sobre o próprio Satanás. Nenhum movimento de qualquer astro, nenhum piscar de qualquer estrela, nenhuma tempestade, nenhum ato de qualquer criatura, nenhuma ação humana ou missão de anjos, nenhum dos atos de Satanás — nada, em todo o vasto universo, pode acontecer, sem que faça parte do eterno propósito de Deus. Nisto há um fundamento para a fé; nisto se mostra lugar para o intelecto descansar. Aqui há uma âncora para a alma, segura e firme. Não o destino cego, não o mal desenfreado, não o homem, não o diabo, mas o Senhor onipotente é que rege o mundo,

> Dez mil épocas antes de os céus
> Começarem seus movimentos,
> Os mundos e tempos do porvir
> Já estavam na mente dele.
>
> Não há larva, nem pardal
> Fora do seu governo;
> Ergue monarcas ao trono
> E os derruba conforme lhe agrada.
> Isaac Watts

5
A Soberania de Deus na Salvação

Ó profundidade da riqueza, tanto da sabedoria, como do conhecimento de Deus! Quão insondáveis são os seus juízos e quão inescrutáveis os seus caminhos! Romanos 11.33

"Ao Senhor pertence a salvação!" (Jn 2.9). Mas o Senhor não salva a todos. Por que não? ele salva alguns; e, se salva alguns, por que não salva os demais? Porventura é por que são demasiadamente pecadores e depravados? Não; pois, o apóstolo escreveu: "Fiel é a palavra e digna de toda aceitação, que Cristo Jesus veio ao mundo para salvar os pecadores, dos quais eu sou o principal" (1 Tm 1.15). Por conseguinte, se Deus salvou àquele que foi o "principal" dos pecadores, ninguém é excluído por ser demasiadamente depravado. Então, por que Deus não salva a todos? É por que alguns têm o coração tão endurecido, que não se deixam vencer? Não, porque está escrito a respeito daqueles que têm o coração mais endurecido do que o de quaisquer outras pessoas: "Tirarei da sua carne o coração de pedra e lhes darei coração de carne" (Ez 11.19). Então, será que alguns são tão obstinados, tão intratáveis, tão atrevidos, que Deus não pode atraí-los para si? Antes de responder a essa pergunta, vamos formular outra; apelemos para a experiência de pelo menos alguns dentre os do povo do Senhor.

Amigo, não houve um tempo quando você andava segundo o conselho dos ímpios, se detinha no caminho dos pecadores e se assentava junto aos escarnecedores e com aqueles que diziam: "Não queremos que este reine sobre nós" (Lc 19.14)? Não houve um tempo quando você não queria vir a Cristo para ter vida (Jo 5.40)? Sim, não houve um tempo quando você mesclava a sua voz à daqueles que diziam a Deus: "Retira-te de nós! Não desejamos conhecer os teus caminhos. Que é o Todo-Poderoso, para que nós o sirvamos? E que nos aproveitará que lhe façamos orações" (Jó 21.14, 15)? Envergonhado, você tem de reconhecer que houve um tempo assim.

Como é que tudo isso mudou? O que o levou a abandonar sua orgulhosa autossuficiência, para ser um humilde suplicante; a deixar sua situação de inimizade contra Deus, para fazer as pazes com ele, passando da rebeldia à sujeição, do ódio ao amor? "Pela graça de Deus, sou o que sou" (1 Co 15.10), responderá você, se é "nascido do Espírito". Você percebe que não é por causa de qualquer falta de poder da parte de Deus que outros rebeldes não são salvos também? Se Deus teve a capacidade de subjugar a sua vontade e ganhar o seu coração, sem interferir em sua responsabilidade moral, então, não poderia fazer o mesmo com as outras pessoas? Certamente que sim. Logo, quão incoerente, ilógico e estulto você se mostra em procurar explicar a atual situação dos maus e o destino final deles, argumentando que Deus é incapaz de salvá-los e que eles não deixam que Deus os salve. Você talvez argumente: "Mas chegou o momento em que me dispus, desejoso de receber a Cristo como meu salvador". É verdade, mas foi o Senhor quem lhe deu essa disposição (Sl 110.3 e Fp 2.13). Nesse caso, por que Deus não faz com que todos se disponham? Pelo fato de que ele é soberano e age como bem lhe apraz!

Mas, voltemos à nossa indagação inicial. Por que razão todos não são salvos, especialmente todos quantos ouvem o evangelho? Você continua argumentando: "Não será porque a maioria se recusa a crer?" Bem, é verdade, mas isso é apenas parte da verdade. É a verdade do lado humano. Há também o lado divino, e esse lado precisa ser ressaltado; caso contrário, Deus será despojado de sua glória. Os não salvos estão perdidos porque se recusam a crer; os demais estão salvos justamente porque creem. Mas, por que estes creem? O que os leva a confiarem em Cristo? Porventura são mais inteligentes do que os seus semelhantes, mais prontos a discernirem a sua própria necessidade de salvação? Longe de nós tal ideia, "Pois quem é que te faz sobressair? E que tens tu que não tenhas recebido? E, se o recebeste, por que te vanglorias, como se o não tiveras recebido?" (1 Co 4.7).

É o próprio Deus quem estabelece a diferença entre os eleitos e os não eleitos, porque está escrito acerca dos que lhe pertencem: "Também sabemos que o Filho de Deus é vindo, e nos tem dado entendimento para reconhecermos o verdadeiro; e estamos no verdadeiro, em seu Filho Jesus Cristo. Este é o verdadeiro Deus e a vida eterna" (1 Jo 5.20).

A fé é um dom de Deus, e "a fé não é de todos" (2 Ts 3.2). Portanto, vemos que Deus não concede esse dom a todos. Quem, pois, recebe essa graça salvadora? Nós, seus próprios eleitos, respondemos — "e creram todos os que haviam sido destinados para a vida eterna" (At 13.48). Por isso é que lemos: "A fé que é dos eleitos de Deus" (Tt 1.1). Mas, é Deus soberano na distribuição dos seus favores? Não tem ele o direito de ser assim? Existem ainda aqueles que "murmuram contra o dono da casa"? Então, as próprias palavras do Senhor são resposta suficiente: "Porventura não me é lícito fazer o que quero do que é meu?" (Mt 20.15). Deus é soberano na distribuição dos seus dons, tanto no âmbito das coisas naturais como das espirituais.

Até aqui fizemos uma exposição geral; agora abordaremos as particularidades.

1. A Soberania de Deus Pai na Salvação

A passagem das Escrituras que talvez seja mais enfática em afirmar a soberania absoluta de Deus, em relação a determinar o destino de suas criaturas, é Romanos 9. Não consideraremos aqui todo o capítulo; limitaremos nossa atenção a Romanos 9.21-23, que diz:

"Ou não tem o oleiro direito sobre a massa, para do mesmo barro fazer um vaso para honra e outro para desonra? Que diremos, pois, se Deus querendo mostrar a sua ira e dar a conhecer o seu poder, suportou com muita longanimidade os vasos de ira, preparados para a perdição, a fim de que também desse a conhecer as riquezas da sua glória, em vasos de misericórdia, que para a glória preparou de antemão". Esses versículos apresentam o homem caído como tão sem vida e sem poder quanto um pedaço de barro inerte. A evidência das Escrituras é que "não há diferença" intrínseca entre os eleitos e os não eleitos: são "do mesmo barro", o que também se harmoniza com o trecho de Efésios 2.3, o qual nos informa que todos somos, "por natureza, filhos da ira". Este texto de Romanos ensina que o destino final de toda a pessoa é decidido pela vontade de Deus; e é uma bênção que seja assim. Se tudo fosse entregue à nossa própria vontade, o destino final de todos nós seria o lago de fogo. Este texto declara também que o próprio Deus faz distinção no destino que atribui às suas criaturas, porquanto um vaso é feito para honra, e outro para desonra; alguns são "vasos de ira, preparados para a perdição", ao passo que outros são "vasos de misericórdia, que para glória preparou de antemão".

Reconhecemos que é extremamente humilhante para o orgulhoso coração da criatura constatar que a totalidade da raça humana nas mãos de Deus é como o barro nas mãos do oleiro; mas é precisamente assim que as Escrituras da verdade apresentam a situação. Nestes dias de jactância humana, de orgulho intelectual, de endeusamento do homem, é mister insistir na verdade de que o Oleiro forma os vasos conforme lhe apraz. Por mais que o homem queira discutir com o Criador, permanece o fato que ele nada mais é do que barro nas mãos do Oleiro celestial; e, apesar de sabermos que Deus lidará equitativamente com as suas criaturas e que o Juiz de toda a terra não deixará de fazer justiça, mesmo assim reconhecemos que ele molda os seus vasos para os seus próprios propósitos e segundo o seu próprio beneplácito. Deus reivindica o direito indisputável de fazer o que quiser com aquilo que lhe pertence.

Deus não apenas tem o direito de realizar os seus propósitos com as criaturas de suas próprias mãos, mas igualmente exerce esse direito, e em nenhum ponto isso é revelado com maior clareza do que em sua graça predestinadora. Antes da fundação do mundo, Deus fez uma escolha, uma seleção, uma eleição. Diante do seu olhar onisciente estava toda a raça de Adão, e dela ele selecionou um povo, predestinando-o à "adoção de filhos", predestinando-o a ser conformado "à imagem de seu Filho", destinando-o à posse da vida eterna. Muitos são os trechos bíblicos que demonstram essa bendita verdade e agora voltaremos a atenção para sete dentre eles.

"Creram todos os que haviam sido destinados para a vida eterna" (At 13.48). Todas as artimanhas da engenhosidade humana têm sido empregadas para obscurecer o significado deste versículo e para explicar de outro modo o sentido óbvio de suas palavras; mas todas as tentativas têm sido em vão; de fato, nada pode conciliar esta e outras passagens semelhantes com a mente do homem natural. "Creram todos os que haviam sido destinados para a vida eterna." Aprendemos aqui quatro coisas: Primeira, que o ato de crer é a consequência e não a causa do decreto divino. Segunda, que somente um número limitado foi destinado "para a vida eterna"; porque se todos os homens, sem exceção, fossem assim destinados por Deus, então as palavras "todos os que" formariam uma qualificação sem qualquer significado. Terceira, que esse "destino" pronunciado por Deus não se refere a meros privilégios externos, mas à "vida eterna", não a algum serviço, mas à salvação. Quarta, que "todos os que" — e nenhum a menos — são destinados por Deus para a vida eterna certamente crerão.

Os comentários do amado C.H. Spurgeon, sobre esta passagem, são dignos de nossa atenção. Disse ele: "Tentativas têm sido feitas para comprovar que essas palavras não ensinam a predestinação.

Tais tentativas, porém, violentam o claro sentido da linguagem, de tal maneira que nem merecem que se gaste tempo em lhes dar resposta... Leio: 'Creram todos os que haviam sido destinados para a vida eterna', e não torcerei o texto. Antes, darei glória à graça de Deus, atribuindo a ela qualquer fé que o homem tiver... Não é Deus quem dá a disposição de crer? Se os homens estão dispostos a receber a vida eterna, não é porque, em cada caso, Deus os dispôs a isto? Deus porventura erra ao outorgar a sua graça? Se Deus age corretamente ao conceder a sua graça, estará ele errado no propósito de concedê-la? Você gostaria que Deus a concedesse acidentalmente? Se é correto para ele propor-se a conceder graça hoje, também é correto que ele tenha proposto concedê-la antes desta data — e, visto que ele é imutável — isso aconteceu na eternidade".

"Assim, pois, também agora, no tempo de hoje, sobrevive um remanescente segundo a eleição da graça. E se é pela graça, já não é pelas obras; do contrário, a graça já não é graça" (Rm 11.5,6). As palavras "Assim, pois", no início desta citação, nos remetem ao versículo anterior, onde se diz: "Reservei para mim sete mil homens, que não dobraram joelhos diante de Baal". Note, especialmente, a palavra "reservei". Nos dias de Elias havia sete mil — uma pequena minoria — que foram divinamente preservados da idolatria e levados a conhecer o verdadeiro Deus. Essa preservação e iluminação não resultou de nada que tivessem em si mesmos, mas tão somente da influência e da intervenção especiais de Deus. Quão altamente favorecidas foram tais pessoas ao serem "reservadas" por Deus! Agora, o apóstolo diz que assim como nos dias de Elias houve um "remanescente", reservado por Deus, assim também acontece nesta presente dispensação.

"Um remanescente segundo a eleição da graça." Aqui, a causa da eleição é traçada desde a sua fonte. A base sobre a qual Deus elegeu esse "remanescente" não foi qualquer fé prevista por Deus e que seria manifestada por este grupo, porquanto, uma escolha fundamentada na previsão de boas obras seria feita na base de boas obras, tanto quanto qualquer escolha; mas, nesse caso, já não seria "pela graça"; pois, segundo ensina o apóstolo, "se é pela graça, já não é pelas obras; do contrário, a graça já não é graça". Isto significa que a graça e as obras se opõem mutuamente, nada tendo em comum, não podendo ser misturadas, assim como não se misturam a água e o azeite. Deste modo, a ideia de qualquer bondade inerente, prevista nos eleitos, ou de qualquer coisa meritória, feita por eles, fica rigorosamente excluída. "Um remanescente segundo a eleição da graça" significa uma escolha incondicional, resultante da soberana graça de Deus; em resumo, é uma eleição absolutamente gratuita.

"Irmãos, reparai, pois, na vossa vocação; visto que não foram chamados muitos sábios segundo a carne, nem muitos poderosos, nem muitos de nobre nascimento; pelo contrário, Deus escolheu as cousas loucas do mundo para envergonhar os sábios e escolheu as cousas fracas do mundo para envergonhar as fortes; e Deus escolheu as cousas humildes do mundo, e as desprezadas, e aquelas que não são, para reduzir a nada as que são; a fim de que ninguém se vanglorie na presença de Deus" (1 Co 1.26-29). Por três vezes este texto se refere à escolha feita por Deus; e essa escolha pressupõe, necessariamente, uma seleção, em que Deus recebe a uns e rejeita a outros. Quem escolhe é o próprio Deus. O número de pessoas escolhidas é definido — não "muitos sábios segundo a carne, nem muitos poderosos, nem muitos de nobre nascimento". É isso, pois, que se deve dizer quanto ao fato da escolha divina; agora, notemos os objetos da sua escolha.

As pessoas as quais o texto diz que foram escolhidas por Deus são "as cousas fracas do mundo... as cousas humildes do mundo e as desprezadas". Mas, por quê? Para demonstrar e engrandecer a graça divina. Os caminhos de Deus, não somente os seus pensamentos, estão em total contraste com os do homem. A mente carnal suporia que a escolha seria feita entre as fileiras dos opulentos e influentes, dos admirados e cultos, de tal modo que o cristianismo teria ganho a aprovação e os aplausos do mundo, por causa de ostentação e glória carnais. Entretanto, "aquilo que é elevado entre os homens é abominação diante de Deus" (Lc 16.15). Deus escolhe as "cousas humildes". Assim ele agiu nos dias do Antigo Testamento. A nação escolhida para ser a guardiã dos seus santos oráculos e o canal através do qual viria o Descendente prometido não foi o antigo povo egípcio, nem os babilônios, nem os gregos, com seu alto nível de civilização e cultura. Não; o povo que se tornou o alvo especial do amor de Deus, considerado a "menina dos seus olhos", foi o desprezado povo hebreu. Assim também sucedeu quando o Senhor veio habitar entre os homens. Aqueles com quem se associou, em favorecida intimidade, foram, na sua maior parte, pescadores "iletrados". E assim tem sido sempre, desde então. E o propósito da escolha de Deus, a razão da escolha que ele fez, é que "ninguém se vanglorie na presença de Deus". Não havendo absolutamente nada, nos objetos de sua escolha, que os qualifique para receberem os favores especiais de Deus, todo o louvor deve ser inteiramente atribuído às superabundantes riquezas da multiforme graça divina.

"Bendito o Deus e Pai de nosso Senhor Jesus Cristo, que nos tem abençoado com toda sorte de bênção espiritual nas regiões celestiais em Cristo, assim como nos escolheu nele antes da fundação do mundo, para sermos santos e irrepreensíveis perante ele; e em amor nos predestinou para ele, para a adoção de filhos, por meio de Jesus Cristo, segundo o beneplácito de sua vontade... nele, digo, no qual fomos também feitos herança, predestinados segundo o propósito daquele que faz todas as cousas conforme o conselho da sua vontade" (Ef 1.3-5,11). Mais uma vez, aqui somos informados em que tempo — se é que podemos chamar de tempo — Deus escolheu aqueles que haveriam de ser seus filhos por intermédio de Jesus Cristo. Não foi depois da queda de Adão, na qual a raça humana foi submersa no pecado e na miséria, foi antes de Adão ter sido criado, foi antes da própria fundação do mundo, que Deus nos escolheu em Cristo. Neste texto, também ficamos sabendo o propósito que Deus tinha diante de si quanto aos seus eleitos: que fossem "santos e irrepreensíveis perante ele"; a "adoção de filhos"; que fossem "feitos herança". Também descobrimos aqui o motivo que impeliu a Deus. Foi em amor que nos predestinou "para ele, para a adoção de filhos, por meio de Jesus Cristo" — essa declaração refuta a maldosa acusação, frequentemente levantada, de que teria sido um ato de tirania e de injustiça, da parte de Deus, se ele tivesse decidido o destino eterno das criaturas, antes delas terem nascido. Finalmente, somos aqui informados acerca do fato que Deus não procurou o conselho de quem quer que fosse, mas antes, fomos predestinados "segundo o beneplácito de sua vontade".

"Entretanto, devemos sempre dar graças a Deus por vós, irmãos amados pelo Senhor, porque Deus vos escolheu desde o princípio para a salvação, pela santificação do Espírito e fé na verdade" (2 Ts 2.13). Aqui se destacam três coisas que merecem nossa atenção. Primeiro, diz-se expressamente que os eleitos de Deus são escolhidos "para a salvação". A linguagem não poderia ser mais clara. Essas palavras destroem de maneira sumária os sofismas e equívocos de todos aqueles que pretendem que a eleição se refira a nada mais do que privilégios externos ou hierarquias no serviço! Para a própria "salvação" é que Deus nos escolheu. Segundo, somos advertidos de que a eleição para a salvação não desconsidera o emprego de meios apropriados: a salvação é atingida "pela santificação do Espírito e fé na verdade". Não é correto dizer que, por ter Deus escolhido certa pessoa para a salvação, ela será salva, quer queira, quer não, quer creia, quer não. Em trecho algum as Escrituras apresentam desse modo a situação. O mesmo Deus que predestinou o fim, também indicou os meios; o mesmo Deus que "escolheu... para a salvação", decretou que o seu propósito seja concretizado através da obra do Espírito e da fé na verdade. Terceiro, que Deus nos escolheu para a salvação, é motivo de fervoroso louvor de nossa parte. Note quão enfaticamente o apóstolo exprime essa verdade — "Entretanto, devemos sempre dar graças a Deus por vós, irmãos amados pelo Senhor, porque Deus vos escolheu desde o princípio para a salvação". Ao invés de recuar horrorizado, perante a doutrina da predestinação, o crente, percebendo que se trata de uma verdade revelada na Palavra, descobre motivos para gratidão e ação de graças, que não poderia encontrar em nada mais exceto no inefável dom do próprio Redentor.

"Que nos salvou e nos chamou com santa vocação; não segundo as nossas obras, mas conforme a sua própria determinação e graça, que nos foi dada em Cristo Jesus antes dos tempos eternos" (2 Tm 1.9). Como a linguagem das Escrituras Sagradas é clara e precisa! É o homem que, com suas palavras, escurece os desígnios de Deus (Jó 38.2). É impossível expressar o fato com clareza ou vigor maiores do que em tais textos. Nossa salvação não é "segundo as nossas obras"; em outras palavras, não é devido a qualquer coisa que haja em nós, não é a recompensa de qualquer coisa que tenhamos praticado; pelo contrário, resulta da "própria determinação e graça" de Deus; e essa graça nos foi concedida em Cristo antes que houvesse mundo. É pela graça que somos salvos, e, no propósito de Deus, essa graça nos foi concedida não somente antes de termos visto a luz, não somente antes da queda de Adão, mas até antes daquele longínquo "princípio" mencionado em Gênesis 1.1. É nisso que reside a inefável consolação do povo de Deus. Se a escolha divina foi determinada desde a eternidade, perdurará por toda a eternidade!

"Eleitos, segundo a presciência de Deus Pai, em santificação do Espírito, para a obediência e a aspersão do sangue de Jesus Cristo" (1 Pe 1.2). Uma vez mais, a eleição feita pelo Pai precede a obra do Espírito nos que são salvos, bem como precede a obediência que eles prestam mediante a fé; assim, a questão deixa o terreno da criatura e descansa na soberana vontade do Todo-Poderoso. A "presciência de Deus Pai" não se refere aqui ao conhecimento prévio de todas as coisas; simplesmente significa que os santos estavam todos eternamente presentes em Cristo, diante da mente de Deus. Deus não tinha a "presciência" de que certas pessoas, que ouviriam o evangelho, creriam nele, à parte do fato de que ele destinara tais pessoas à vida eterna. O que a presciência divina viu em todos os homens foi amor ao pecado e ódio contra a própria pessoa divina. A presciência divina alicerça-se nos próprios decretos de Deus, conforme se vê claramente em Atos 2.23: "Sendo este entregue pelo determinado desígnio e presciência de Deus, vós o matastes, crucificando-o por mãos de iníquos". Note a ordem de apresentação: primeiramente, o "determinado desígnio" de Deus (o seu decreto); em segundo lugar, a sua "presciência". Isto também se apreende em Romanos 8.28,29: "Porquanto aos que de antemão conheceu, também os predestinou para serem conformes à imagem de seu Filho". A primeira palavra aqui usada, "porquanto", diz respeito ao versículo anterior, cuja última cláusula fala "daqueles que são chamados segundo o seu propósito" — são aqueles que Deus "de antemão conheceu" e "predestinou". Finalmente, devemos salientar que, ao lermos nas Escrituras que Deus "conheceu" determinadas pessoas, tal palavra é empregada no sentido de conhecer com aprovação e amor: "Mas se alguém ama a Deus, esse é conhecido por ele" (1 Co 8.3). Aos hipócritas, porém, Cristo dirá: "Nunca vos conheci". Esses nunca foram objetos especiais de seu amor. "Eleitos, segundo a presciência de Deus Pai", por conseguinte, significa escolhidos por ele como objetos especiais de sua aprovação e de seu amor.

Resumindo os ensinamentos dessas sete passagens, podemos concluir o seguinte: Deus ordenou certas pessoas para a vida eterna e, em consequência de tê-las destinado, no seu devido tempo, elas chegam a crer; Deus ordenou a salvação dos eleitos não se fundamentando em qualquer coisa de boa que neles existe, nem em qualquer mérito da parte deles, mas unicamente na graça divina; Deus escolheu, deliberadamente, as pessoas mais improváveis a fim de receberem seus favores especiais, para que "ninguém se vanglorie na presença de Deus"; o Senhor escolheu seu povo em Cristo, antes da fundação do mundo, não porque eles fossem santos, mas a fim de que se tornassem santos e irrepreensíveis perante ele; e, tendo selecionado certas pessoas para a salvação, Deus igualmente decretou os meios pelos quais tudo seria feito de acordo com o conselho da sua vontade; ainda, a própria graça através da qual somos salvos, de conformidade com os propósitos de Deus, foi "dada em Cristo Jesus antes dos tempos eternos"; e, muito antes de terem sido criados, os eleitos já estavam presentes na mente de Deus, tendo sido conhecidos de antemão por ele, isto é, já se constituíam objetos definidos do seu eterno amor.

Antes de voltarmos nossa atenção para a segunda divisão deste capítulo, é mister que digamos mais uma palavra sobre o objeto da graça predestinadora de Deus. Insistimos nesse assunto porque é no predestinar certas pessoas para a salvação que a doutrina da soberania de Deus é mais frequentemente atacada. Os que pervertem essa verdade invariavelmente procuram achar alguma causa fora da vontade de Deus que o teria impulsionado a conceder salvação aos pecadores, ou seja, alguma coisa é atribuída à criatura, conferindo--lhe o direito de receber misericórdia da parte do Criador. Voltamos, então, à pergunta: Por que Deus escolheu aqueles a quem escolheu?

Que havia nos eleitos que os atraiu ao coração de Deus? Deveu--se isso a certas virtudes que possuíam? Tinham o coração generoso, temperamento dócil, eram pessoas que sempre falavam a verdade? Em resumo, foram eleitos por serem "bons"? Não; pois nosso Senhor afirmou: "Ninguém é bom senão um só, que é Deus" (Lc 18.19). Foi por causa de quaisquer boas obras que eles tinham praticado? Não; porquanto está escrito: "Não há quem faça o bem, não há nem um sequer" (Rm 3.12). Foi por que deram evidências de sinceridade e zelo, na busca pelas coisas de Deus? Não; porque igualmente está escrito: "Não há quem busque a Deus" (Rm 3.11). Foi por que Deus previu que os eleitos haveriam de crer? Não; porque como podem crer em Cristo os que estão mortos nos seus "delitos e pecados" (Ef 2.1)? Como Deus poderia ter presciência de que certos homens haveriam de crer, quando a própria fé lhes é algo impossível? As Escrituras ensinam que é "mediante a graça" que se crê (At 18.27). A fé é dom divino, e, à parte desse dom, ninguém jamais poderia crer. Portanto, a causa da escolha feita por Deus se encontra em Deus mesmo, e não nos objetos de sua escolha. Deus escolheu certas pessoas simplesmente porque quis fazer assim.

> Somos filhos, porque Deus nos escolheu,
> Nós, que cremos em Cristo Jesus,
> Por causa da eterna predestinação
> Agora, recebemos soberana graça
> Tua misericórdia, Senhor,
> Graça e glória nos concede!
> (Gospel Magazine, 1777)

2. A Soberania de Deus Filho na Salvação

Por quem Cristo morreu? Certamente, não seria necessário nenhum debate para comprovar que o Pai tinha um propósito específico, ao entregar seu Filho à morte, ou que Deus Filho tinha um desígnio definido, ao dar a sua própria vida; pois, Deus nos revela os planos dele feitos desde o princípio (At 15.18). Qual foi, então, o propósito do Pai e o desígnio do Filho? Respondemos que Cristo morreu pelos "eleitos de Deus".

Não ignoramos o fato de que a questão do propósito limitado da morte de Cristo tem sido alvo de intensa controvérsia; mas qual grande verdade, revelada nas Escrituras, não tem sido tratada desse modo? Porém, não estamos nos esquecendo de que qualquer coisa referente à pessoa e à obra do nosso bendito Senhor exige ser tratada com a máxima reverência e que cada afirmativa que fazemos deve estar apoiada sobre um "assim diz o Senhor". Nosso apelo será "à Lei e ao testemunho".

Por quem Cristo morreu? Quem eram aqueles que ele tencionava redimir ao derramar o seu sangue? Certamente o Senhor Jesus tinha alguma absoluta determinação em vista, quando foi à cruz. Se foi assim, segue-se necessariamente que a extensão desse propósito foi limitada, porque uma determinação ou propósito absoluto da parte de Deus necessariamente tem de ser levado a efeito. Se a determinação absoluta de Cristo incluía toda a humanidade, por certo que todos os seres humanos teriam de ser salvos. Para escaparem dessa inevitável conclusão, muitos têm afirmado que essa determinação absoluta não existia antes da vinda de Cristo e que, na morte dele, foi feita apenas uma provisão condicional para a salvação de toda a humanidade. A refutação desse pressuposto se acha na promessa feita pelo Pai ao Filho antes que este fosse à cruz, antes mesmo do Filho encarnar-se. As Escrituras do Antigo Testamento expressam como o Pai prometeu ao Filho certo galardão por seus sofrimentos em favor dos pecadores. A esta altura, nos limitaremos a algumas poucas expressões, registradas no bem conhecido capítulo cinquenta e três do livro de Isaías. Ali, a Palavra declara: "Quando der ele a sua alma como oferta pelo pecado, verá a sua posteridade"; "Ele verá o fruto do penoso trabalho de sua alma e ficará satisfeito; o meu Servo, o Justo, com o seu conhecimento justificará a muitos" (vv.10,11). Gostaríamos de fazer uma pausa e perguntar: Como poderia Cristo ver "a sua posteridade" e "o fruto do penoso trabalho de sua alma" e ficar satisfeito, a não ser que a salvação de determinados membros da raça humana tivesse sido divinamente decretada, sendo, portanto, algo que certamente ocorreria? Como poderia acontecer que Cristo justificaria a muitos, se não houvesse nenhuma provisão eficaz que garantisse que alguns o acolheriam como seu salvador? Por outro lado, insistir que Cristo, na verdade, tinha o propósito de salvar toda humanidade é acusá-lo de algo que nenhum ser humano deve se tornar réu, ou seja, pretender aquilo que, em virtude da sua onisciência, ele sabia que nunca viria a acontecer. Logo, a única alternativa que nos resta é: quanto ao propósito predeterminado de sua morte, Cristo morreu somente pelos eleitos. Resumindo em uma única frase, que esperamos seja compreensível a cada leitor, Cristo não morreu para possibilitar a salvação de toda a humanidade, mas para assegurar a salvação de todos aqueles que lhe tinham sido concedidos pelo Pai. Cristo morreu não simplesmente para possibilitar o perdão dos pecados, mas "para aniquilar pelo sacrifício de si mesmo o pecado" (Hb 9.26).

(1) O propósito limitado da expiação resulta, necessariamente, da eterna escolha, feita pelo Pai, de certas pessoas para a salvação. As Escrituras dizem-nos que, antes de encarnar-se, o Senhor exclamou: "Eis aqui estou... para fazer, ó Deus, a tua vontade" (Hb 10.7); e, depois de ter-se encarnado, declarou: "Porque eu desci do céu não para fazer a minha própria vontade, e, sim, a vontade daquele que me enviou" (Jo 6.38). Portanto, desde o princípio, Deus escolheu certas pessoas para a salvação; então, visto que a vontade de Cristo estava em perfeita consonância com a vontade do Pai, ele não procuraria aumentar o número de eleitos pelo Pai. O que acabamos de dizer não é apenas uma plausível dedução nossa, mas uma afirmativa feita em estrita harmonia com o fiel ensino da Palavra. Diversas vezes, Jesus se referiu àqueles . que o Pai lhe dera, acerca dos quais se preocupava de maneira toda especial. Ele afirmou: "Todo aquele que o Pai me dá, esse virá a mim; e o que vem a mim, de modo nenhum o lançarei fora... E a vontade de quem me enviou é esta: que nenhum eu perca de todos os que me deu; pelo contrário, eu o ressuscitarei no último dia" (Jo 6.37,39). E outra vez: "Tendo Jesus falado estas cousas, levantou os olhos ao céu e disse: Pai, é chegada a hora; glorifica a teu Filho, para que o Filho te glorifique a ti; assim como lhe conferiste autoridade sobre toda a carne, a fim de que ele conceda a vida eterna

a todos os que lhe deste... Manifestei o teu nome aos homens que me deste do mundo. Eram teus, tu nos confiaste, e eles têm guardado a tua palavra... É por eles que eu rogo; não rogo pelo mundo, mas por aqueles que me deste, porque são teus... Pai, a minha vontade é que onde eu estou, estejam também comigo os que me deste, para que vejam a minha glória que me conferiste, porque me amaste antes da fundação do mundo" (Jo 17.1,2,6,9 e 24). Antes da fundação do mundo, o Pai predestinou um povo para ser conformado à imagem de seu Filho, e a morte e a ressurreição do Senhor Jesus aconteceram a fim de cumprir-se o divino propósito.

(2) A própria natureza da expiação é evidência de que, na sua aplicação aos pecadores, a expiação foi limitada no propósito de Deus. Ela pode ser considerada sob dois pontos de vista principais — um concernente a Deus e outro concernente ao homem. No que concerne a Deus, a obra de Cristo foi uma propiciação, um apaziguamento da ira divina, uma satisfação à justiça e à santidade de Deus; no que concerne ao homem, foi uma substituição — o inocente tomando o lugar do culpado, o Justo morrendo pelos injustos. Falando de forma estrita, a substituição, em que a pessoa toma o lugar de outras, envolve não somente que o substituto aceita voluntariamente os sofrimentos, mas também que ele reconhece de forma clara as pessoas em favor das quais está agindo, pessoas essas cujos pecados ele está tomando sobre si e cujas obrigações está cumprindo. E não somente ele, mas o legislador, aquele que é propiciado, reconhece aqueles pelos quais o substituto está sofrendo. E, se o legislador aceita a satisfação feita, então aqueles em prol de quem o substituto agiu, cujo lugar ele tomou, necessariamente teriam de ser absolvidos. Se eu estou endividado, sem possibilidades de saldar a minha dívida, e outra pessoa paga totalmente o que devo a meus credores, recebendo o recibo de quitação da dívida, então, perante a lei, meu credor nada mais tem a exigir de mim. Na cruz, o Senhor Jesus se deu como

resgate que foi aceito por Deus, conforme o atesta o túmulo vazio, três dias após a sua morte.

A pergunta que deve ser feita agora é: Em favor de quem foi oferecido esse resgate? Se foi oferecido em favor de toda a raça humana, então foi cancelada a dívida de cada ser humano. Se Cristo levou em seu próprio corpo, no madeiro, os pecados de todos os homens, sem exceção, nenhum deles perecerá. Se Cristo se fez maldição em favor de todos os membros da raça de Adão, ninguém sofrerá a condenação final. Deus não pode exigir pagamento duplo, uma vez da mão do meu Fiador, que derramou o seu sangue, e depois, outra vez, da minha mão. Mas Cristo não saldou a dívida de todos os homens, sem exceção, porquanto há alguns que serão lançados "na prisão" (1 Pe 3.19, ocorre a palavra grega correspondente a "prisão"), e de modo nenhum sairão de lá, até que paguem o último centavo (Mt 5.26). Tal pagamento nunca, jamais, poderá ser efetuado pelo homem. Cristo não carregou os pecados de toda a humanidade, porque há alguns que perecerão nos seus próprios pecados (Jo 8.21), e cujo pecado subsiste (Jo 9.41). Ele não foi feito "maldição" em favor de toda a raça de Adão, porque há aqueles aos quais ainda dirá: "Apartai-vos de mim, malditos" (Mt 25.41). Dizer que Cristo morreu por todos, igualmente; dizer que ele se tornou substituto e fiador de toda a raça humana; dizer que ele sofreu no lugar e em prol da humanidade inteira é dizer que "Ele carregou a maldição de muitos daqueles que agora carregam a sua própria maldição; que ele sofreu a punição de muitos daqueles que agora estão no inferno, em tormento; que ele pagou o preço da redenção de muitos que ainda hão de pagar, na sua própria angústia eterna, o 'salário do pecado', que 'é a morte'" (G.S. Bishop). Por outro lado, afirmar, como o fazem as Escrituras, que Cristo foi ferido pelas transgressões do povo de Deus, que ele deu a sua vida pelas ovelhas e se ofereceu como resgate por muitos é postular que ele fez uma expiação que perdoa plenamente; é asseverar que ele pagou um preço que realmente resgata; é dizer que ele foi posto como uma propiciação que realmente propicia; é declarar que ele é um salvador que verdadeiramente salva.

(3) Em estreita relação com o que foi dito acima, e confirmando-o, existem os ensinamentos bíblicos acerca do sacerdócio do Senhor Jesus. É na qualidade de grande sumo sacerdote que Cristo agora intercede. Mas, em favor de quem ele está intercedendo? É pela raça humana inteira ou somente pelos que lhe pertencem? A resposta que o Novo Testamento nos dá é claríssima. O salvador entrou no próprio céu "para comparecer, agora, por nós, diante de Deus" (Hb 9.24), isto é, por aqueles que são participantes da "vocação celestial" (Hb 3.1). Também está escrito: "Por isso também pode salvar totalmente os que por ele se chegam a Deus, vivendo sempre para interceder por eles" (Hb 7.25). Isso está em perfeito acordo com a tipologia do Antigo Testamento. Depois de abater o animal do sacrifício, Arão entrava no Santo dos Santos, como representante do povo de Deus; trazia os nomes das tribos de Israel gravados no peitoral, e era em prol dos interesses delas que ele comparecia diante de Deus. Em harmonia com isso, temos as palavras do Senhor, em João 17.9 — "É por eles que eu rogo; não rogo pelo mundo, mas por aqueles que me deste, porque são teus". Outro trecho que merece cuidadosa atenção, nesse particular, se acha em Romanos 8. No versículo 33 surge a pergunta: "Quem intentará acusação contra os eleitos de Deus?" Então, segue-se a resposta inspirada: "É Deus quem os justifica." Quem os condenará? É Cristo Jesus quem morreu, ou antes, quem ressuscitou, o qual está à direita de Deus e também intercede por nós". Note, de maneira especial, que a morte e a intercessão de Cristo têm o mesmo objetivo! Tal como se deu com o tipo, assim se dá no caso do antítipo — a expiação e a intercessão são coextensivas. Portanto, se Cristo intercede somente em favor dos eleitos e não "pelo mundo", foi somente por eles que ele morreu.

(4) O número daqueles que participam dos benefícios da morte de Cristo é determinado não somente pela natureza da expiação e

do sacerdócio de Cristo, mas também pelo poder dele. Admitindo que aquele que morreu na cruz era Deus manifesto em carne, segue-se, inevitavelmente, que aquilo que Cristo determinou, ele mesmo cumprirá; aquilo que ele comprou, ele mesmo há de possuir. Segue-se também que aquilo que ele propôs em seu próprio coração, ele mesmo assegurará que aconteça. Se o Senhor Jesus possui todo o poder no céu e na terra, ninguém consegue resistir à sua vontade. Contudo, poder-se-ia dizer que, falando-se abstratamente, essa é a verdade; entretanto, Cristo recusa-se a exercer esse poder, visto que nunca forçará a quem quer que seja a recebê-lo como salvador. Em certo sentido, isto é verdade; mas, em outro, é inteiramente falso. A salvação de qualquer pecador é questão do poder divino. Por natureza, o pecador se acha em estado de inimizade contra Deus, e nada, exceto o poder de Deus, operando nele, poderá vencer tal inimizade; daí, está escrito: "Ninguém pode vir a mim se o Pai, que me enviou, não o trouxer" (Jo 6.44). É o poder de Deus, vencendo a inimizade natural do pecador, que torna o pecador disposto a vir a Cristo a fim de obter vida. Mas por qual razão essa "inimizade não é vencida" no caso de todas as pessoas? Estão alguns corações tão endurecidos que Cristo não pode entrar neles? Responder afirmativamente é negar a onipotência de Cristo. Afinal de contas, não se trata da disposição ou da indisposição do pecador, porque todos, por natureza, mostram-se indispostos. A disposição de vir a Cristo é o resultado final do poder divino operando sobre o coração e sobre a vontade do homem, poder este que vence a "inimizade" inerente e crônica do homem, conforme está escrito: "Apresentar-se-á voluntariamente o teu povo no dia do teu poder" (Sl 110.3). Dizer que Cristo é incapaz de ganhar aqueles que não se mostram dispostos é negar que ele detém todo o poder, nos céus e na terra. Dizer que Cristo não pode demonstrar seu poder sem destruir a responsabilidade do homem é tomar como comprovada a questão aqui discutida, pois ele já revelou o seu poder e tornou dispostos aqueles que já vieram a ele; e, se isso aconteceu sem que a responsabilidade deles fosse destruída, por que não poderia ele fazer outro tanto, com outras pessoas? Se Cristo pode conquistar o coração de um pecador, por que não poderia fazer a mesma coisa com outros? Dizer, como usualmente se diz, que os outros não permitem que ele o faça é impugnar sua suficiência. É uma questão da vontade de Cristo. Se o Senhor Jesus decretou, desejou e determinou a salvação de toda a humanidade, então a raça humana inteira será salva ou, de outra forma, falta a ele o poder para cumprir as suas intenções. Nesse caso, não se poderia dizer: "Ele verá o fruto do penoso trabalho de sua alma e ficará satisfeito". A questão levantada envolve a divindade do salvador, porquanto um salvador derrotado não pode ser Deus.

Tendo considerado alguns dos princípios gerais que exigem que creiamos que a morte de Cristo foi limitada quanto ao seu propósito, passaremos a considerar algumas das evidentes declarações das Escrituras que afirmam isso com segurança. Em Isaías 53, tão maravilhoso e incomparável, Deus nos fala acerca de seu Filho: "Por juízo opressor foi arrebatado, e de sua linhagem quem dela cogitou? porquanto foi cortado da terra dos viventes; por causa da transgressão do meu povo foi ele ferido" (v.8). Harmonizando-se perfeitamente com isso, veio a palavra do anjo a José: "lhe porás o nome de Jesus, porque ele salvará o seu povo dos pecados deles" (Mt 1.21). Isso envolve não apenas o povo de Israel, mas todos aqueles que o Pai "deu" a Jesus. Nosso Senhor declarou pessoalmente: "O Filho do homem, que não veio para ser servido, mas para servir e dar a sua vida em resgate por muitos" (Mt 20.28). Por que estaria escrito "por muitos", se todos, sem exceção, estão incluídos? ele "redimiu o seu povo" (Lc 1.68). Foi pelas "ovelhas", e não pelos "bodes", que o Bom Pastor deu a sua vida (Jo 10.11). Foi "a igreja de Deus" que ele comprou com seu próprio sangue (At 20.28).

Se há uma passagem bíblica na qual deveríamos fundamentar o nosso argumento, mais do que em qualquer outra, essa é João 11.49-52. "Caifás, porém, um dentre eles, sumo sacerdote naquele ano, advertiu-os, dizendo: Vós nada sabeis, nem considerais que vos convém que morra um só homem pelo povo, e que não venha a perecer toda a nação. Ora, ele não disse isto de si mesmo; mas, sendo sumo sacerdote naquele ano, profetizou que Jesus estava para morrer pela nação, e não somente pela nação, mas também para reunir em um só corpo os filhos de Deus, que andam dispersos". Neste texto é dito que Caifás não profetizou de si mesmo, antes, fê-lo conforme o Senhor usou aqueles que foram profetas no Antigo Testamento (2 Pe 1.21). Sua profecia não se originou em sua própria pessoa, mas falou conforme foi movido pelo Espírito Santo. O valor do que disse, portanto, foi cuidadosamente preservado, e a fonte divina dessa revelação foi expressamente testemunhada. Aqui, por semelhante modo, somos claramente informados que Cristo morreu pela nação (isto é, Israel) e também pelo corpo único, a igreja, pois é dentro da igreja que os filhos de Deus — "dispersos" entre as nações — estão sendo reunidos "em um só corpo". Não é digno de nota que os membros da igreja sejam chamados, neste trecho, de "filhos de Deus", antes mesmo da morte de Cristo, e, portanto, antes de ter ele começado a edificar a sua igreja? A grande maioria dessas pessoas ainda não havia nascido; no entanto, foram reputadas "filhos de Deus", por terem sido escolhidos em Cristo antes da fundação do mundo e, por conseguinte, predestinados "para ele, para a adoção de filhos, por meio de Jesus Cristo" (Ef 1.4,5). Da mesma forma, Cristo disse: "Ainda tenho (e não, terei) outras ovelhas, não deste aprisco" (Jo 10.16).

Se houve um período durante o qual o verdadeiro desígnio da cruz ocupou o lugar de preeminência, no coração e na conversa de nosso bendito salvador, foi durante a última semana de seu ministério na terra. O que, pois, registram as Escrituras, quando tratam dessa parte do ministério de Jesus em conexão com o nosso presente assunto? Dizem: "Sabendo Jesus que era chegada a sua hora de passar deste mundo para o Pai, tendo amado os seus que estavam no mundo, amou-os até ao fim" (Jo 13.1). Elas também registram uma outra declaração dele: "E a favor deles eu me santifico a mim mesmo, para que eles também sejam santificados na verdade" (Jo 17.19). Isso significa que ele se separou para morrer em favor daqueles que lhe foram dados pelo Pai. Alguém poderia bem perguntar: Por que essa discriminação de termos, se Cristo morreu por todos os homens, indistintamente?

Antes de encerrarmos esta seção do capítulo, consideremos, resumidamente, algumas daquelas passagens que parecem ensinar, de maneira mais vigorosa, um ilimitado desígnio na morte de Cristo. Em 2 Coríntios 5.14, lemos: "Um morreu por todos". Todavia, isso não é tudo que afirma este versículo. Examinando-se toda a passagem da qual essas palavras são citadas, verificar-se-á que, longe de ensinar uma expiação ilimitada, ela milita enfaticamente em favor de um desígnio limitado na morte de Cristo. O versículo inteiro diz o seguinte: "Pois o amor de Cristo nos constrange, julgando nós isto: [se] um morreu por todos, logo todos morreram". Deve-se esclarecer que no texto original há um artigo definido antes da última ocorrência da palavra "todos" e que o verbo está no aoristo, deixando claro que são todos que morreram. O apóstolo estava tirando uma conclusão, conforme se percebe claramente nas palavras "julgando nós isto: se... logo todos..." O significado é que todos aqueles em favor dos quais esse "um" morreu, são considerados, judicialmente falando, como tendo morrido também. O versículo seguinte continua: "E ele morreu por todos, para que os que vivem não vivam mais para si mesmos, mas para aquele que por eles morreu e ressuscitou". Ele não somente morreu, mas também ressuscitou, e assim o fizeram "todos" aqueles em favor dos quais ele morreu, pois aqui se diz que os tais "vivem".

Aqueles em lugar de quem um substituto age são legalmente considerados como se eles mesmos tivessem agido. Perante a lei, o substituto e aqueles a quem ele representa são um só. Assim também se dá diante do Senhor Deus. Cristo se identificou com o seu povo, e o seu povo foi identificado com ele. Portanto, judicialmente falando, quando Cristo morreu, eles morreram também; quando

Cristo ressuscitou, eles também ressuscitaram. Mas, além disto, esta passagem nos informa (v.17) que se alguém está em Cristo, é uma nova criatura; recebeu vida nova de fato, não somente como dispositivo legal; por essa razão, "todos" aqueles em favor dos quais Cristo morreu são ordenados a não viverem mais para si mesmos, "mas para aquele que por eles morreu e ressuscitou". Em outras palavras, aqueles que são contados entre esses "todos", em favor de quem Cristo morreu, aqui são exortados a manifestar de maneira prática, na vida diária, aquilo que já é judicialmente verdadeiro a respeito deles: devem viver para Cristo, que "por eles morreu". Assim define a expressão "um morreu por todos". Esses "todos", em favor dos quais Cristo morreu, são os que "vivem" e aos quais também se ordena que vivam para Cristo. Essa passagem, portanto, ensina-nos três verdades importantes, mas que, para melhor ficar demonstrado o seu escopo, serão mencionadas na ordem inversa. Certas pessoas são aqui exortadas a viverem não mais para si mesmas, mas para Cristo; essas pessoas assim admoestadas são "os que vivem", isto é, possuem vida espiritual, e, portanto, são filhos de Deus, pois somente eles, dentre toda a raça humana, possuem vida espiritual, ao mesmo tempo que todos os demais estão mortos nos seus delitos e pecados; os que de fato "vivem" dessa maneira são aqueles — os "todos", os "eles" — em favor dos quais Cristo morreu e ressuscitou. Esta passagem, portanto, nos ensina que Cristo morreu em favor de todo o seu povo, os eleitos, aqueles que lhe foram dados pelo Pai; aqueles que, como resultado da morte e ressurreição de Jesus, agora vivem. E os eleitos são os únicos que de fato "vivem"; e esta vida que lhes pertence através de Cristo deve ser vivida "para ele"; agora é o amor de Cristo que deve "constrangê-los" a isso.

"Porquanto há um só Deus e um só Mediador entre Deus e os homens, Cristo Jesus, homem, o qual a si mesmo se deu em resgate por todos: testemunho que se deve prestar em tempos oportunos" (1 Tm 2.5,6) — "entre Deus e os homens", não "o homem", porque isso seria um termo genérico, indicativo da humanidade inteira. Quão acurada é a Palavra de Deus! Queremos agora comentar as palavras "a si mesmo se deu em resgate por todos". Nas Escrituras, a palavra "todos" (em sua aplicação à raça humana) é empregada em dois sentidos — absoluto e relativo. Em certas passagens significa todos, sem exceção; em outras, significa todos, sem distinção. Para se determinar qual desses sentidos se aplica a qualquer passagem específica, é mister considerar o contexto e decidir mediante a comparação com trechos bíblicos paralelos. Que a palavra "todos" é empregada no sentido relativo e restrito, e que nesse caso significa todos sem distinção, e não todos sem exceção, se vê claramente em certas passagens bíblicas, das quais selecionamos duas ou três como exemplos. "Saíam a ter com ele toda a província da Judéia e todos os habitantes de Jerusalém; e, confessando os seus pecados, eram batizados por ele no rio Jordão" (Mc 1.5). Isso quer dizer que cada homem, mulher e criança de "toda a província da Judéia e todos os habitantes de Jerusalém" foram batizados por João, no rio Jordão? Certamente que não. Lucas 7.30 diz claramente: "Mas os fariseus e os intérpretes da lei rejeitaram, quanto a si mesmos, o desígnio de Deus, não tendo sido batizados por ele". Nesse caso, que significam as palavras "todos... eram batizados por ele"? Respondemos que não significa todos sem exceção, e, sim, todos sem distinção, isto é, todas as classes e condições de homens. A mesma explicação se aplica a Lucas 3.21. Em João 8.2, lemos: "De madrugada voltou novamente para o templo, e todo o povo ia ter com ele; e, assentado, os ensinava". Essa expressão deve ser entendida em sentido absoluto ou relativo? "Todo o povo" significa todos sem exceção ou todos sem distinção, ou seja, todas as classes e condições de pessoas? É evidente que a segunda alternativa é a correta, porque o templo nem sequer comportava todos quantos se achavam em Jerusalém naquela ocasião, a festa dos Tabernáculos. Igualmente, lemos em Atos 22.15: "Porque terás de ser sua testemunha diante de todos os homens das cousas que tens visto e ouvido". Com certeza, "todos os homens", neste caso, não indica cada membro da raça humana. Podemos sustentar agora que as palavras "O qual a si mesmo se deu em resgate por todos", em 1 Timóteo 2.6, significam todos sem distinção, e não todos sem exceção. Cristo se entregou como resgate por homens de todas as nacionalidades, de todas as gerações, de todas as classes. Em resumo, de todos os eleitos, conforme lemos em Apocalipse 5.9: "Porque foste morto e com o teu sangue compraste para Deus os que procedem de toda tribo, língua, povo e nação".

A definição de "todos", neste texto, não é arbitrária, e isto torna-se evidente quando lemos Mateus 20.28: "Tal como o Filho do homem, que não veio para ser servido, mas para servir e dar a sua vida em resgate por muitos", essa limitação não teria significado algum se Cristo tivesse dado a sua vida em resgate por todos, sem exceção. Além disso, as palavras qualificativas, "testemunho que se deve prestar em tempos oportunos" (1 Tm 2.6), devem ser levadas em consideração. Se Cristo se deu como resgate pela raça humana inteira, em que sentido isso seria "um testemunho que se deve prestar em tempos oportunos", considerando-se o fato que multidões de seres humanos certamente sofrerão a eterna perdição? Mas, se este texto quer dizer que Cristo se deu em resgate pelos eleitos de Deus, por todos sem distinção, sem distinção de nacionalidade, de prestígio social, de caráter moral, de idade ou de sexo, então, o sentido dessas palavras qualificativas é perfeitamente inteligível, pois, no devido tempo, será confirmado pela salvação real e consumada de cada um deles.

"Vemos, todavia, aquele que, por um pouco, tendo sido feito menor que os anjos, Jesus, por causa do sofrimento da morte, foi coroado de glória e de honra, para que, pela graça de Deus, provasse a morte por todo homem" (Hb 2.9). Este texto não precisa deter-nos por muito tempo. No original grego não há qualquer vocábulo que corresponda a "homem". No grego, a expressão é abstrata — "provasse a morte por todo". Há estudiosos que supõem que a palavra "coisa" deveria ser acrescentada aqui — "provasse a morte por toda coisa", mas consideramos errônea essa suposição. Parece-nos que as palavras que se seguem explicam nosso texto: "Porque convinha que aquele, por cuja causa e por quem todas as cousas existem, conduzindo muitos filhos à glória, aperfeiçoasse por meio de sofrimentos o Autor da salvação deles". E a respeito de "filhos" que o apóstolo aqui escreve, pelo que sugerimos uma elipse do termo "filho" no versículo anterior e, assim, leríamos: "Para que... provasse a morte por todo filho". Desta forma, ao invés de ensinar um desígnio ilimitado na morte de Cristo, Hebreus 2.9, 10 está em perfeito acordo com as outras passagens bíblicas já citadas, que abonam o propósito restrito da expiação: foi pelos "filhos", não pela raça humana, que nosso Senhor provou a morte.

Ao encerrar esta seção do capítulo, permita-se dizer que a única limitação da expiação em favor da qual temos argumentado é a que decorre unicamente da soberania de Deus; não é uma limitação de valor e de virtude, mas somente de desígnio e de aplicação.[3]

3. A Soberania de Deus Espírito Santo na Salvação

Visto que o Espírito Santo é uma das três pessoas da Santíssima Trindade, necessariamente segue-se que ele está em plena harmonia com a vontade e o desígnio das demais pessoas da deidade. O propósito eterno do Pai na eleição, o desígnio limitado na morte do Filho e o escopo restrito das operações do Espírito Santo estão em perfeita sintonia. Se o Pai escolheu certas pessoas antes da fundação do mundo e as deu ao Filho, e se foi em favor delas que Cristo se deu como resgate, então o Espírito Santo não está agora esperando poder conduzir a Cristo o mundo inteiro. A missão do Espírito Santo no mundo atual é aplicar os benefícios do sacrifício redentor operado

---

3 Para um estudo mais amplo sobre este tema, ver Redenção — Consumada e Aplicada, de John Murray (Editora Cultura Cristã); e Por Quem Cristo Morreu, de John Owen (PES).

por Cristo. A questão que agora passará a ocupar nossa atenção não é o alcance do poder do Espírito Santo, pois não pode haver dúvida de que tal poder é infinito; mas o que procuraremos demonstrar é que o poder e as operações do Espírito são dirigidos pela sabedoria e pela soberania divinas.

Acabamos de afirmar que o poder e as operações do Espírito Santo são dirigidos pela sabedoria e pela indisputável soberania de Deus. Para comprovar essa afirmação, apelamos primeiramente para as palavras de nosso Senhor, dirigidas a Nicodemos: "O vento sopra onde quer, ouves a sua voz, mas não sabes donde vem, nem para onde vai; assim é todo o que é nascido do Espírito" (Jo 3.8). Aqui há certa comparação entre o vento e o Espírito. A comparação é dupla: primeiro, ambos são soberanos nas suas ações; e, segundo, ambos são misteriosos em suas operações. A comparação é indicada pela palavra "assim". O primeiro ponto da analogia se vê nas palavras "onde quer"; o segundo se vê nas palavras "não sabes". Não nos preocuparemos com o segundo, por enquanto; queremos, porém, comentar algo mais sobre o primeiro ponto da analogia.

"O vento sopra onde quer... assim é todo o que é nascido do Espírito". O vento é uma força que o homem não pode dominar nem obstruir. O vento não consulta a vontade do homem, nem pode ser regulado por seus artifícios. Assim se dá com o Espírito. O vento sopra quando quer, onde quer, como quer. Assim se dá com o Espírito. O vento é regulado pela sabedoria divina. Todavia, em relação ao homem, o vento é absolutamente soberano em suas operações. Assim se dá com o Espírito. Às vezes, o vento sopra tão suavemente que as folhas quase não farfalham; em outras ocasiões, sopra com tal estrondo que seu rugido se pode ouvir a muitos quilômetros de distância. Assim também se verifica na questão do novo nascimento; com algumas pessoas, o Espírito Santo trata de maneira tão suave, que a sua operação é imperceptível a observadores humanos; com outras, sua ação é tão poderosa, radical e revolucionária, que suas operações se tornam patentes para muitos. Às vezes, o vento tem alcance meramente local; em outras ocasiões, o seu escopo é de grande alcance. Assim se dá com o Espírito Santo: hoje opera em uma alma, ou em duas, ao passo que amanhã poderá compungir os corações de multidões inteiras, conforme aconteceu no dia de Pentecostes. Seja como for, operando em poucos ou em muitos, ele não consulta o homem. Age como quer. O novo nascimento se deve à vontade soberana do Espírito.

Cada uma das três pessoas da Santíssima Trindade desempenha um papel em nossa salvação: o Pai, quanto à predestinação; o Filho, quanto à propiciação; e o Espírito Santo, quanto à regeneração. O Pai nos escolheu; o Filho morreu por nós; o Espírito Santo nos vivifica. O Pai se preocupou conosco; o Filho derramou seu sangue por nós; e o Espírito Santo realiza sua obra em nós. Mas agora estamos considerando a obra do Espírito, sua obra do novo nascimento, mais especialmente, as suas soberanas operações no novo nascimento. O Pai determinou o nosso novo nascimento; o Filho o tornou possível (mediante o seu "penoso trabalho"); mas é o Espírito Santo quem efetua o novo nascimento — "nascido do Espírito" (Jo 3.6).

O novo nascimento é obra exclusiva de Deus Espírito Santo; o homem não tem participação alguma na realização do novo nascimento. A própria natureza do caso assim o requer. O nascimento exclui totalmente a ideia de qualquer esforço ou ação da parte de quem nasce. Pessoalmente, não exercemos maior influência sobre o nosso nascimento espiritual do que exercemos sobre o nosso nascimento físico. O novo nascimento é uma ressurreição espiritual, é um passar "da morte para a vida" (Jo 5.24); e, evidentemente, a ressurreição está totalmente fora da alçada do homem. Nenhum cadáver pode reanimar a si mesmo. Por isso mesmo está escrito: "O Espírito é o que vivifica; a carne para nada aproveita" (Jo 6.63). Mas o Espírito não "vivifica" a todos — por quê? A resposta usualmente dada a essa pergunta é: "Porque nem todos creem em Cristo". Supõe-se que o

Espírito Santo vivifica somente os que creem. Mas isso seria colocar a carroça adiante dos bois. A fé não é a causa do novo nascimento: é a consequência. Isso nem deveria suscitar debates. A fé em Deus é algo que não vem do homem, algo que não é congênito ao coração humano. Se a fé fosse um produto natural do coração humano, este princípio comum à natureza humana nunca teria sido escrito: "A fé não é de todos" (2 Ts 3.2). A fé é uma graça espiritual, o fruto de uma natureza espiritual, e, visto que os não regenerados estão espiritualmente mortos — mortos em seus "delitos e pecados" — segue-se que a fé é impossível para eles, pois um morto não pode crer em coisa alguma. "Portanto, os que estão na carne não podem agradar a Deus" (Rm 8.8) — mas poderiam fazê-lo, se a carne pudesse crer. Compare-se este versículo ao que está escrito em Hebreus 11.6: — "De fato, sem fé é impossível agradar a Deus". Porventura, Deus pode "agradar-se" ou ficar satisfeito com qualquer coisa que não tenha origem nele mesmo?

Que a obra do Espírito Santo antecede a nossa fé é inequivocadamente estabelecido pelo trecho de 2 Tessalonicenses 2.13: "Deus vos escolheu desde o princípio para a salvação, pela santificação do Espírito e a fé na verdade". Notemos que a "santificação do Espírito" vem antes e torna possível a "fé na verdade". O que é, nesse caso, a "santificação do Espírito"? Respondemos, é o novo nascimento. Nas Escrituras, "santificação" sempre significa "separação" — separação de alguma coisa e, para alguma coisa ou para alguém. Ampliemos, em seguida, a nossa afirmação de que a "santificação do Espírito" corresponde ao novo nascimento e aponta para o efeito que ele tem na posição do homem.

Imagine o exemplo de um servo de Deus a pregar o evangelho a uma congregação onde haja cem pessoas não salvas. Ele lhes expõe o que as Escrituras ensinam quanto ao estado de ruína e perdição em que elas se encontram; fala-lhes sobre o caráter e as justas exigências de Deus; conta-lhes como Jesus Cristo satisfez as exigências divinas, o Justo morrendo pelos injustos, e declara que, através dele, agora se anuncia o perdão dos pecados. Então, encerra com um apelo aos perdidos, para que creiam naquilo que Deus diz em sua Palavra e recebam a seu Filho como salvador pessoal. Finda-se a reunião; a congregação se dispersa; noventa e nove dos não salvos recusaram-se a vir a Cristo para receberem vida e voltam a seus lares, sem esperança e sem Deus neste mundo. O centésimo, no entanto, atenta à Palavra da vida; a semente lançada cai em terra preparada por Deus; ele crê nas boas-novas e volta para casa se regozijando, porque o seu nome foi escrito nos céus. Agora ele nasceu de novo; e assim como uma criancinha recém-nascida no mundo natural começa a vida agarrando-se instintivamente, em sua completa dependência, à sua mãe, assim também aquela alma recém-nascida se apega totalmente a Cristo. Como lemos acerca de Lídia — "o Senhor lhe abriu o coração para atender às cousas que Paulo dizia" (At 16.14), assim também, no caso acima imaginado, o Espírito Santo vivificou aquele centésimo ouvinte, antes de haver ele crido na mensagem do evangelho.[4] Portanto, nisso consiste a "santificação do Espírito"; aquela única alma a renascer foi capaz de agir assim por causa do seu novo nascimento, tendo sido separada das outras noventa e nove. Os que nascem de novo são, pelo Espírito Santo, separados dos que estão mortos em seus delitos e pecados.

Voltemos a 2 Tessalonicenses 2.13: "Devemos sempre dar graças a Deus por vós, irmãos amados pelo Senhor, porque Deus

---

4 *A prioridade* defendida acima é mais de natureza do, que de tempo, assim como o efeito sempre é precedido pela causa. É mister que se abram os olhos do cego antes que possa ver, mas *não há intervalo* entre os dois fatos. Logo que se lhe abrem os olhos, ele vê. Assim também deve o homem nascer de novo antes de "ver o reino de Deus" (Jo 3.3). É mister ver o Filho para crer nele. A descrença se deve à *cegueira* espiritual — quem não crê no que ouve do evangelho, não vê em Cristo "formosura" alguma, para que possa desejá-lo. A obra do Espírito, ao "vivificar" quem está morto em pecados precede à fé em Cristo, tal como a causa sempre antecede o efeito. Mas, logo após o coração voltar-se para Cristo, através da operação do Espírito, o salvador é recebido pelo pecador.

vos escolheu desde o princípio para a salvação, pela santificação do Espírito e fé na verdade". A ordem de pensamento aqui revelada é muito importante e instrutiva. Primeiro, a escolha eterna, feita por Deus; segundo, a santificação do Espírito; terceiro, a fé na verdade. Precisamente a mesma ordem se encontra em 1 Pedro 1.2: "Eleitos, segundo a presciência de Deus Pai, em santificação do Espírito, para a obediência e a aspersão do sangue de Jesus Cristo". Entendemos neste ponto que a "obediência" é a "obediência da fé" (Rm 1.5 — ARC), que se apropria das virtudes da aspersão do sangue do Senhor Jesus. Assim, antes da "obediência" (da fé, Hb 5.9), existe aquela obra do Espírito que nos separa, e, antes desta, ainda há a eleição de Deus Pai. Os que são santificados pelo Espírito, portanto, são os que "Deus escolheu desde o princípio para a salvação" (2 Ts 2.13), os quais foram "eleitos, segundo a presciência de Deus Pai" (1 Pe 1.2).

O Espírito Santo é soberano em suas operações, e sua missão salvadora se limita aos eleitos de Deus; esses são os que ele "consola", "sela", "guia" a toda verdade, aos quais ele mostra as coisas do porvir.[5] A obra do Espírito é necessária para o pleno cumprimento do eterno propósito do Pai. Falando hipotética, mas reverentemente, se Deus apenas tivesse dado Cristo para morrer em favor dos pecadores, nenhum pecador sequer jamais teria sido salvo. Para que o pecador veja que precisa do salvador, dispondo-se a recebê-lo, é imprescindível que o Espírito Santo opere sobre ele e dentro dele. Se Deus não tivesse feito mais nada além de ter dado a Cristo para morrer em prol

---

5 Com isso não se nega que o Espírito também opera, de certo modo, nos que permanecem descrentes e finalmente perecem. O Espírito pode "agir" nos impenitentes (Gn 6.3) e os homens podem resistir às suas operações (At 7.51,52). Há uma obra geral do Espírito nos que ouvem a verdade que, em certos casos, parece a obra salvadora (cf. Mt 13.5,6,20,21); mas, visto que a inimizade do coração natural não é removida, essa obra do Espírito não é efetiva. Visto que todos vivem em inimizade contra Deus, o Espírito não atuaria efetivamente em todos se ele não operasse de modo especial e regenerador nos eleitos, capacitando-os a confiar nas verdades salvadoras que o "homem natural não aceita" (1 Co 2.14).

dos pecadores e, então, tivesse mandado os seus servos proclamarem a salvação por meio de Cristo, deixando os pecadores inteiramente à vontade, quanto a aceitarem ou rejeitarem segundo a disposição deles mesmos, então cada pecador teria rejeitado a oferta, porquanto, no fundo do coração, todo homem odeia a Deus e está em inimizade contra ele (Rm 8.7). Por isso, a obra do Espírito Santo é necessária para levar o pecador a Cristo, para vencer-lhe a oposição congênita, para levá-lo a aceitar a provisão divina em seu favor. Por natureza, os eleitos de Deus são filhos da ira como também os demais (Ef 2.3). Assim, seus corações estão em inimizade contra Deus. Essa "inimizade", porém, é vencida pelo Espírito; e, em consequência de sua obra regeneradora, creem em Cristo. Não é evidente, pois, que a razão por que os outros são deixados fora do reino de Deus não é apenas que não estão dispostos a entrar, mas também que o Espírito Santo não operou neles? Não é evidente que o Espírito Santo é soberano no desempenho de seu poder e que, assim como o "vento sopra onde quer", assim também o Espírito Santo opera onde quer?

Façamos agora um resumo. Temos procurado demonstrar a perfeita coerência dos caminhos de Deus: que cada pessoa da deidade age em simpatia e harmonia com as demais. Deus Pai elegeu certas pessoas para a salvação; Deus Filho morreu em prol dos eleitos, e Deus Espírito Santo vivifica os eleitos. Bem podemos cantar:

> A Deus, supremo Benfeitor
> Vós anjos e homens dai louvor
> A Deus o Filho, a Deus o Pai
> A Deus Espírito, glória dai.

6
A Soberania de Deus em Operação

Porque dele, e por meio dele, e para ele são todas as cousas.
A ele, pois, a glória eternamente. Amém. Romanos 11.36

Deus predeterminou tudo quanto acontece? Decretou que tudo que acontece era para acontecer mesmo? Afinal de contas, essa é apenas outra maneira de indagar: Está Deus governando o mundo, todas as coisas e todas as pessoas que nele existem? Se Deus está governando o mundo, governa-o segundo um propósito definido ou fá-lo sem objetivo, ao acaso? Se está governando segundo algum propósito, quando foi formado esse propósito? Deus muda continuamente o seu propósito, a cada dia formando um propósito diferente, ou o seu propósito foi formulado desde o princípio? As ações de Deus assemelham-se às nossas, reguladas pelas alterações das circunstâncias, ou são o desenrolar de seu eterno propósito? Se Deus estabeleceu esse propósito antes da criação do homem, será executado segundo seu desígnio original, e Deus está agora agindo nesse sentido? Que dizem as Escrituras? Referem-se a Deus como "aquele que faz todas as cousas conforme o conselho da sua vontade" (Ef 1.11).

Poucos, por certo, serão aqueles que, ao ler este livro, virão a questionar a afirmação de que Deus sabe todas as coisas e delas tem presciência; mas talvez muitos hesitem quanto a ir além desse ponto. Mas é óbvio que se o Senhor Deus conhece de antemão todas as coisas, e que também as preordenou, não é mesmo? Não é evidente que Deus conhece de antemão o que virá a ser porque ele mesmo o decretou? A presciência de Deus não é a causa dos eventos; pelo contrário, os eventos são efeitos do seu eterno propósito. Quando Deus decretou que algo acontecesse, sabia que aconteceria. De acordo com a natureza das coisas, não se pode saber acerca do que há de ser, a não ser que seja algo que sucederá com certeza; e nada é certo que acontecerá, a não ser que Deus o tenha determinado. A crucificação é um exemplo. O ensino das Escrituras é tão claro quanto a esse acontecimento como um raio de sol. Cristo, o Cordeiro, cujo sangue haveria de ser derramado, foi "conhecido, com efeito, antes da fundação do mundo" (1 Pe 1.20). Tendo "conhecido", ou melhor, tendo "determinado" que o Cordeiro fosse sacrificado, Deus sabia que ele seria "levado ao matadouro", tendo revelado o fato de antemão, através do profeta Isaías. O Senhor Jesus não foi "entregue" em razão de Deus ter presciência do fato, mas por seu determinado desígnio e presciência (At 2.23). A presciência dos eventos futuros fundamenta-se, portanto, nos decretos de Deus, donde se conclui que se Deus conhece de antemão tudo quanto há de ser, porque ele, por si mesmo, já o determinou desde a eternidade. "O Senhor... faz estas cousas conhecidas desde séculos" (At 15.18), o que demonstra que Deus tem um plano, que Deus não começou ao acaso ou sem pleno conhecimento de como o seu plano se concretizaria.

Deus criou todas as coisas. Essa verdade não é questionada por quem quer que aceite o testemunho das Escrituras Sagradas; nem se disporia tal pessoa a argumentar que a obra da criação foi fruto do acaso. Primeiro, Deus formou o propósito de criar e então executou o ato criador, em cumprimento desse propósito. Todos os verdadeiros cristãos recebem de bom grado as palavras do salmista: "Que variedade, SENHOR, nas tuas obras! todas com sabedoria as fizeste" (Sl 104.24). Haverá alguém que, aceitando o que acabamos de dizer, negue que Deus decidiu governar o mundo que criara? É claro que a criação do mundo não foi o término do propósito divino para com ele. Por certo Deus não resolveu meramente criar o mundo e colocar nele o homem, para então abandonar ambos à sua própria sorte. É evidente que Deus tem em vista alguma grande finalidade ou finalidades dignas de sua perfeição infinita. Também é evidente que ele está governando o mundo de tal modo que esses alvos serão atingidos. "O conselho do SENHOR dura para sempre; os desígnios do seu coração, por todas as gerações" (Sl 33.11).

"Lembrai-vos das cousas passadas da antiguidade; que eu sou Deus e não há outro, eu sou Deus, e não há outro semelhante a mim; que desde o princípio anuncio o que há de acontecer, e desde a antiguidade as cousas que ainda não sucederam; que digo: O meu conselho permanecerá de pé, farei toda a minha vontade" (Is 46.9,10). Muitas outras passagens bíblicas poderiam ser mencionadas para comprovar o, fato que Deus tem muitos desígnios quanto a este mundo e quanto ao homem, e que esses propósitos serão cumpridos com toda a certeza. Somente quando as profecias das Escrituras são consideradas por esse prisma, podemos apreciá-las de maneira inteligente. Na profecia, o grande Deus condescendeu em introduzir-nos ao recôndito dos seus eternos propósitos, tendo-nos mostrado o que ele resolveu fazer no futuro. As centenas de profecias que se acham no Antigo e Novo Testamentos não são tanto previsões do que sucederá; são revelações, a nós apresentadas, daquilo que Deus determinou que aconteça. Sabemos, mediante a profecia, que esta época, a exemplo das que a antecederam, terminará com uma plena demonstração do fracasso humano? Sabemos que haverá uma universal rejeição da verdade, uma apostasia geral? Sabemos que o anticristo se manifestará e conseguirá enganar o mundo inteiro? Sabemos que a carreira do anticristo será interrompida pela volta do Filho de Deus, o qual também porá termo às miseráveis tentativas dos homens para governarem a si mesmos? Ora, tudo isso sabemos porque, como centenas de outros, estes fatos estão inclusos nos eternos decretos de Deus, agora revelados a nós mediante a infalível palavra profética, e também porque é infalivelmente certo que tudo quanto Deus determinou inevitavelmente terá cumprimento.

Qual, pois, o grande propósito para o qual este mundo e toda a raça humana foram criados? A resposta bíblica é: "O SENHOR fez todas as cousas para determinados fins" (Pv 16.4). E também: "Todas as cousas tu criaste, sim, por causa da tua vontade vieram a existir e foram criadas" (Ap 4.11). A grande finalidade da criação foi a manifestação da glória de Deus. "Os céus proclamam a glória de Deus, e o firmamento anuncia as obras das suas mãos" (Sl 19.1). Contudo, foi por meio do homem, criado, originalmente, à sua imagem e semelhança, que Deus planejou manifestar em maior grau a sua glória. Como, porém, seria o grande Criador glorificado por meio do homem? Deus previu a queda de Adão e a consequente ruína da raça humana, antes de Adão ter sido criado. Assim, não poderia ter sido seu desígnio que o homem o glorificasse permanecendo no estado de inocência. Dessa forma, aprendemos que Cristo foi "conhecido, com efeito, antes da fundação do mundo", para ser o salvador de homens caídos. A redenção dos pecadores, por Cristo, não foi mera ideia que Deus teve após a queda, ou seja, não foi um expediente para enfrentar uma calamidade imprevista. Não, foi uma provisão divina, e, portanto, quando o homem caiu, encontrou a misericórdia andando de mãos dadas com a justiça.

Desde a eternidade o Senhor determinou que este nosso mundo seria o palco em que ele demonstraria sua multiforme graça e sabedoria, na redenção de pecadores perdidos: "Para que, pela igreja, a multiforme sabedoria de Deus se torne conhecida agora dos principados e potestades nos lugares celestiais, segundo o eterno propósito que estabeleceu em Cristo Jesus nosso Senhor" (Ef 3. 10,11). Desde o princípio Deus tem governado o mundo de maneira que se cumpra esse glorioso desígnio; e assim continuará ele a fazer até o fim. Tem-se dito, com muita razão: "Não podemos jamais compreender a providência divina sobre nosso mundo, se não a considerarmos como uma complicada máquina, composta de dez mil partes, dirigida para uma gloriosa finalidade em todas as suas operações — tornar conhecida a multiforme sabedoria de Deus na salvação da igreja, isto é, dos eleitos". Tudo o mais, aqui na terra, se subordina a esse propósito central. Tendo apreendido essa verdade básica, o apóstolo, inspirado pelo Espírito, foi guiado a escrever: "Por esta razão, tudo suporto por causa dos eleitos, para que também eles obtenham a salvação que está em Cristo Jesus com eterna glória" (2 Tm 2.10). O que gostaríamos de considerar agora é a operação do senhorio de Deus no governo do mundo.

Quanto à operação do governo divino sobre o mundo material, pouco se precisa dizer agora. Nos capítulos anteriores, já demonstramos que a matéria inanimada e todas as criaturas irracionais estão absolutamente sujeitas ao beneplácito do Criador. Mas, enquanto reconhecemos sem hesitação que o mundo material se mostra governado por leis estáveis e mais ou menos uniformes em sua operação, também temos de admitir que as Escrituras, a história e a observação nos compelem a reconhecer o fato que Deus suspende essas leis e age independentemente delas, quando assim lhe apraz. Ao dispensar suas bênçãos ou seus juízos sobre suas criaturas, Deus pode fazer parar o próprio sol (Js 10. 12,13) ou fazer as estrelas, em seu curso, pelejarem por seu povo (Jz 5.20). Ele pode enviar ou reter as primeiras e as últimas chuvas, de acordo com os ditames de sua própria e infinita sabedoria; pode ferir com pragas ou abençoar com saúde; em resumo, sendo Deus e Soberano absoluto, ele não pode ser limitado ou impedido por qualquer lei da natureza, pois governa o mundo material segundo melhor lhe parece.

Que se pode dizer, porém, a respeito da maneira como Deus governa a família humana? Que revelam as Escrituras sobre o modus operandi da administração e do governo divino sobre a humanidade? Até que ponto e através de quais influências Deus controla os filhos dos homens? Dividiremos nossa resposta a essa pergunta em duas partes, considerando, em primeiro lugar, o modo como Deus lida com os justos, seus eleitos; depois, seu modo de lidar com os ímpios.

Método de Deus Lidar com os Justos

1. *Deus exerce sobre seus eleitos uma influência ou poder vivificante.*

Por natureza, os homens estão espiritualmente mortos, mortos em seus delitos e pecados, e sua primeira necessidade é vida espiritual, porque "se alguém não nascer de novo, não pode ver o reino de Deus" (Jo 3.3). Por intermédio do novo nascimento, Deus faz que passemos da morte para a vida (Jo 5.24). Ele concede-nos sua própria natureza (2 Pe 1.4). Liberta-nos do império das trevas e nos transporta para o reino do seu Filho amado (Cl 1.13). Ora, éramos manifestamente incapazes de fazer isso por nós mesmos, porque "éramos fracos" (Rm 5.6). Por isso está escrito: "Somos feitura dele, criados em Cristo Jesus" (Ef 2.10).

Pelo novo nascimento tornamo-nos coparticipantes da natureza divina: um princípio, uma "semente", uma vida que nasce "do Espírito" e que, por isso mesmo, "é espírito"; e, sendo nascida do Espírito Santo, é santa. Sem essa nova natureza, divina e santa, que recebemos quando nascemos de novo, é inteiramente impossível a qualquer homem gerar um impulso espiritual, formar um conceito espiritual, ter pensamentos espirituais, entender realidades espirituais e, muito menos ainda, dedicar-se a obras espirituais. Sem a santificação, ninguém verá o Senhor (Hb 12.14). No entanto, o homem natural não deseja a santidade, não querendo, portanto, a provisão feita por Deus. Suplicaria, pois, o homem, e se esforçaria por aquilo que não lhe agrada? Certamente que não. Se, no entanto, o homem verdadeiramente segue aquilo que, por natureza, odeia profundamente, e se agora ama aquele que antes odiava, é porque em seu interior operou-se uma milagrosa modificação; é porque um poder externo operou sobre ele; uma natureza inteiramente diversas daquela que possuía lhe foi implantada. Por isso está escrito: "Assim, se alguém está em Cristo, é nova criatura; as cousas antigas já passaram; eis que se fizeram novas" (2 Co 5.17). O indivíduo que acabamos de descrever passou da morte para a vida, voltou-se das trevas para a luz e da potestade de Satanás para Deus (At 26.18). Não há outro modo de explicar tão grande mudança.

O novo nascimento consiste em muito mais do que somente derramar algumas lágrimas de remorso temporário por causa do pecado. É muito mais do que mudar o curso da vida; é mais do que substituir maus hábitos por bons costumes. É algo diferente do mero prezar e praticar ideais nobres. Vai infinitamente além do ato de vir à frente e apertar a mão de algum evangelista popular, assinar um cartão de compromisso e filiar-se a uma igreja. O novo nascimento não é apenas uma renovação de boas intenções e virar uma nova folha; é antes o início e a recepção de uma nova vida. Não é uma simples reforma; é uma completa transformação. Em poucas palavras, o novo nascimento é um milagre, o resultado da operação sobrenatural de Deus. É algo radical, revolucionário, duradouro.

Quanto à ordem cronológica, esta é a primeira coisa que Deus opera em seus eleitos. Toma aqueles que estão espiritualmente mortos e os vivifica para andarem em novidade de vida. Deus toma alguém que foi concebido em pecado e moldado em iniquidade e o conforma à imagem do seu Filho. Apanha um prisioneiro do diabo e o transforma em um membro da família da fé. Recolhe um mendigo e faz dele um herdeiro juntamente com Cristo. Chega a alguém que está pleno de inimizade contra o Senhor e lhe dá um coração novo, que transborda de amor para Deus. Inclina-se para alguém que é rebelde por natureza e opera nele tanto o querer como o efetuar segundo a sua boa vontade. Pelo seu irresistível poder, ele transforma o pecador em um santo, o inimigo em um amigo, o escravo do diabo em um filho de Deus. Deveras nos sentimos movidos a dizer:

> Meu Deus, quando elevo minha alma
> E toda a tua graça contemplo,
> Deslumbra-me a visão e sucumbo
> De amor, reverência e louvor

2. Deus exerce sobre seus eleitos uma influência ou poder dinamizante.

O apóstolo orou a Deus, em favor dos santos em Éfeso, para que fossem iluminados os olhos do entendimento deles, a fim de que, entre outras coisas, soubessem "qual a suprema grandeza do seu poder para com os que cremos..." (Ef 1.18,19) e para que fossem "fortalecidos com poder, mediante o seu Espírito, no homem interior" (Ef 3.16). É dessa maneira que os filhos de Deus recebem a capacidade de combater o bom combate da fé e de batalhar contra as forças do adversário que constante e incansavelmente guerreia contra eles. Em si mesmos, não têm força alguma; são apenas "ovelhas". A ovelha é um dos mais indefesos animais que existe; mas a promessa é firme: "Faz forte ao cansado e multiplica as forças ao que não tem nenhum vigor" (Is 40.29).

É esse poder dinamizante que Deus exerce sobre os justos; e, em seu íntimo, são capacitados a servi-lo de maneira aceitável. Disse o profeta: "Eu, porém, estou cheio do poder do Espírito do SENHOR" (Mq 3.8). E o Senhor disse aos seus apóstolos: "Recebereis poder, ao descer sobre vós o Espírito Santo" (At 1.8); e assim sucedeu, porque lemos subsequentemente acerca daqueles mesmos homens: "Com grande poder os apóstolos davam testemunho da ressurreição do Senhor Jesus, e em todos eles havia abundante graça" (At 4.33). O mesmo aconteceu ao apóstolo Paulo: "A minha palavra e a minha pregação não consistiram em linguagem persuasiva de sabedoria, mas em demonstração do Espírito e de poder" (1 Co 2.4). Mas o escopo desse poder não se limita ao serviço, pois lemos em 2 Pedro 1.3: "Visto como pelo seu divino poder nos têm sido doadas todas as cousas que conduzem à vida e à piedade, pelo conhecimento completo daquele que nos chamou para a sua própria glória e virtude". Por isso, as várias graças do caráter cristão, "amor, alegria, paz, longanimidade, benignidade, bondade, fidelidade, mansidão, domínio próprio" são atribuídas diretamente a Deus, sendo chamadas de "o fruto do Espírito" (Gl 5.22; comparar com 2 Co 8.16).

3. **Deus exerce sobre seus eleitos uma influência ou poder orientador.**

No passado, Deus guiou seu povo através do deserto, dirigindo o andar deles por meio de uma coluna de nuvem, durante o dia, e de uma coluna de fogo, durante a noite. Hoje ele continua a orientar seus santos, com a diferença que agora opera neles interiormente. "Este é Deus, o nosso Deus para todo o sempre; ele será nosso guia até à morte" (Sl 48.14). Porém, Deus nos guia operando em nós o querer e o efetuar a sua boa vontade. As palavras do apóstolo, em Efésios 2.10, mostram claramente que é assim mesmo que o Senhor nos guia: "Pois somos feitura dele, criados em Cristo Jesus para boas obras, as quais Deus de antemão preparou para que andássemos nelas". Desta forma, é removida toda a possibilidade de jactância humana, e somente o Senhor recebe toda a glória, pois temos de dizer juntamente com o profeta: "Senhor, concede-nos a paz, porque todas as nossas obras tu as fazes por nós" (Is 26.12). Então, quão verídica é a declaração: "O coração do homem traça o seu caminho, mas o SENHOR lhe dirige os passos" (Pv 16.9 — comparar com Ezequiel 36.27).

4. Deus exerce sobre seus eleitos uma influência ou poder preservador.

Muitos são os trechos bíblicos que expõem essa bendita verdade. "Ele guarda as almas dos seus santos, livra-os da mão dos ímpios" (Sl 97.10). "Pois o SENHOR ama a justiça e não desampara os seus santos; serão preservados para sempre, mas a descendência dos ímpios será exterminada" (Sl 37.28). "O SENHOR guarda a todos os que o amam; porém os ímpios serão exterminados" (Sl 145.20). É desnecessário multiplicar textos ou levantar argumentos, a esta altura, quanto à responsabilidade e à fidelidade do crente — não podemos "perseverar" sem a ação preservadora de Deus, assim como não podemos mais respirar quando o Senhor já não nos conserva o sopro da vida. Sim, somos "guardados pelo poder de Deus, mediante a fé, para a salvação preparada para revelar-se no último tempo" (1 Pe 1.5 — comparar com 1 Crônicas 18.6).

Método de Deus Lidar com os Ímpios

Ao contemplarmos o modo como Deus lida com os não eleitos, no seu governo sobre o mundo, descobrimos que ele exerce sobre os ímpios um quádruplo poder ou influência. Adotamos aqui as divisões sugeridas pelo Dr. Rice:

1. Às vezes, Deus exerce sobre os ímpios uma influência restringente, pela qual são impedidos de fazer aquilo que suas inclinações naturais os levariam a fazer.

Um notável exemplo dessa verdade se vê no caso de Abimeleque, rei de Gerar. Abraão desceu à cidade de Gerar, e, temendo ser assassinado por causa de sua esposa, deu-lhe instruções para que ela se declarasse sua irmã. Abimeleque, pensando que Sara fosse solteira, mandou trazê-la para junto de si. Então vemos como Deus exerceu seu poder para proteger a honra de Sara: "Respondeu-lhe Deus em sonhos: Bem sei que com sinceridade de coração fizeste isso; daí o ter impedido eu de pecares contra mim, e não te permiti que a tocasses" (Gn 20.6). Não fosse a intervenção divina, Abimeleque teria trazido sobre Sara grave opróbrio; mas o Senhor o impediu, não permitindo que Abimeleque cumprisse a intenção do seu coração.

Acontecimento semelhante se vê na maneira como os irmãos de José o trataram. Devido à preferência que Jacó tinha por esse filho, os irmãos de José o odiavam e, quando imaginaram que o tinham sob o seu poder, "conspiraram contra ele para o matar" (Gn 37.18). Mas Deus não permitiu que eles cumprissem os seus maus desígnios. Primeiramente, convenceu Rúben a libertar José das mãos de seus irmãos e, então, levou Judá a sugerir que José fosse vendido aos ismaelitas que por ali passavam; e estes o levaram para o Egito. Foi Deus quem, deste modo, restringiu os irmãos de José; e isto se torna evidente das próprias palavras de José, quando, anos mais tarde, revelou sua identidade a seus irmãos e disse: "Não fostes vós que me enviastes para cá, e, sim, Deus" (Gn 45.8).

A influência restringente que Deus exerce sobre os ímpios se exemplifica de modo notável na pessoa de Balaão, o profeta subornado por Balaque para amaldiçoar os israelitas. Não se pode ler a narrativa inspirada sem descobrir que, deixado a agir por conta própria, Balaão aceitou prontamente e de bom grado a oferta de Balaque. Porém, Deus lhe restringiu os impulsos do coração como se vê no que ele próprio disse: "Como posso amaldiçoar a quem Deus não amaldiçoou? Como posso denunciar a quem o SENHOR não denunciou?... Eis que para abençoar recebi ordem; ele abençoou, não o posso revogar" (Nm 23.8,20).

Deus não só exerce influência restringente sobre pessoas ímpias, ele também age da mesma forma sobre povos inteiros. Notável ilustração desse fato se acha em Êxodo 34.24 — "Porque lançarei fora as nações de diante de ti, e alargarei o teu território; ninguém cobiçará a tua terra, quando subires para comparecer na presença do SENHOR teu Deus três vezes no ano". Três vezes ao ano, cada varão israelita, segundo o mandamento divino, deixava o seu lar e sua propriedade e viajava a Jerusalém, a fim de celebrar as festividades do Senhor. E, no versículo citado, ficamos sabendo que Deus lhes deu a promessa de que, enquanto estivessem em Jerusalém, ele guardaria seus desprotegidos lares, restringindo os desígnios e desejos cobiçosos de seus vizinhos pagãos.

2. *Às vezes, Deus exerce sobre os ímpios uma influência abrandadora, pela qual os dispõe, contrariamente às inclinações naturais deles, a fazer aquilo que promove a causa divina.*

Já aludimos anteriormente à história de José, como ilustração da influência restringente operada por Deus sobre os ímpios. Notemos agora as experiências de José no Egito, como ilustração da afirmativa que Deus exerce uma influência abrandadora sobre os maus. A narrativa sagrada afirma que "o SENHOR era com José", enquanto este habitava na casa de Potifar. Potifar viu que Deus era com José, e, consequentemente, "logrou José mercê perante ele, a quem servia; e ele o pôs por mordomo de sua casa, e lhe passou às mãos tudo o que tinha" (Gn 39.3,4). Mais tarde, ao ser José injustamente lançado na prisão, diz-nos a narrativa que "o Senhor, porém, era com José... e lhe deu mercê perante o carcereiro" (Gn 39.21); em consequência, este muito o honrou e o tratou com bondade. Finalmente, após José ser posto em liberdade, ficamos sabendo, em Atos 7.10, que Deus lhe concedeu "graça e sabedoria perante Faraó, rei do Egito, que o constituiu governador daquela nação e de toda a casa real".

Uma outra admirável evidência do poder de Deus em enternecer o coração de seus inimigos se encontra no modo como a filha de Faraó tratou o infante Moisés. O incidente é bem conhecido. Faraó tinha proclamado um edito, ordenando a morte de todo menino que nascesse aos israelitas. Nasceu um filho a certo levita; e a criança foi ocultada por sua mãe durante três meses. Não lhe sendo mais possível esconder o menino, colocou o seu filhinho em uma cesta de juncos e o deixou à beira do rio. A cesta foi descoberta pela própria filha de Faraó, que viera banhar-se ali; mas, ao invés de lançar a criança no rio, para cumprir o perverso decreto de seu pai, ela "teve compaixão dele" (Êx 2.6)! Assim foi poupada a pequenina vida, e mais tarde Moisés se tornou filho adotivo da princesa!

Deus tem acesso ao coração de todos os homens e pode quebrantá-lo conforme sua soberana vontade. O profano Esaú jurou que se vingaria de seu irmão por ter este logrado a seu pai; mas, quando finalmente se encontrou com Jacó, ao invés de matá-lo, Esaú "correu-lhe ao encontro e o abraçou" (Gn 33.4)! Acabe, aquele soberano fraco e iníquo, esposo de Jezabel, ficou enfurecido contra o profeta Elias, o qual falara que cessariam o orvalho e a chuva por três anos e meio. Tão zangado ficou Acabe contra Elias, a quem reputava como inimigo, que mandou procurá-lo em toda nação e reino e submetia a juramento quantos diziam que não o haviam achado (1 Rs 18.10). Porém, quando se encontraram, ao invés de matar o profeta, Acabe obedeceu às suas instruções e enviou "mensageiros a todos os filhos de Israel, e ajuntou os profetas no monte Carmelo" (v.20). Da mesma forma, Ester se propôs entrar na residência particular do monarca medo-persa, o que, segundo ela esclareceu, era "contra a lei" (Et 4.16). Entrou ali certa de que ia "perecer"; mas o relato bíblico nos diz que "alcançou ela favor perante ele; estendeu o rei para Ester o cetro de ouro que tinha na mão" (Et 5.2). Outro exemplo: o jovem Daniel era prisioneiro em uma corte estrangeira. O rei determinara a porção diária de iguarias e vinhos para Daniel e seus amigos. Daniel, porém, resolveu firmemente não se contaminar com a porção que lhe tocava e, assim, revelou seu intento ao chefe dos eunucos. Que sucedeu? O eunuco era pagão e tinha medo do rei. Ele se voltou contra Daniel, exigindo furiosamente que suas ordens fossem acatadas sem demora? Não, pois lemos: "Ora, Deus concedeu a Daniel misericórdia e compreensão da parte do chefe dos eunucos" (Dn 1.9)!

"Como ribeiros de águas, assim é o coração do rei na mão do SENHOR; este, segundo o seu querer, o inclina" (Pv 21.1). Uma notável ilustração dessa verdade se vê na pessoa de Ciro, o rei da Pérsia. O povo de Deus estava no cativeiro, cujo fim, predito pelos profetas, era quase chegado. Nesse ínterim, o templo em Jerusalém estava destruído e os judeus em um país distante. Que esperança havia, então, de que a casa do Senhor seria reedificada? Note o que Deus fez: "No primeiro ano de Ciro, rei da Pérsia, para que se cumprisse a palavra do SENHOR, por boca de Jeremias, despertou o SENHOR o espírito de Ciro, rei da Pérsia, o qual fez passar pregão por todo o seu reino, como também por escrito, dizendo: Assim diz Ciro, rei da Pérsia: O SENHOR Deus dos céus me deu todos os reinos da terra e me encarregou de lhe edificar uma casa em Jerusalém de Judá" (Ed 1. 1,2). Não devemos esquecer que Ciro era pagão e, segundo testifica a história secular, um homem bastante perverso. Todavia, o Senhor impulsionou-o a baixar esse decreto, a fim de cumprir-se a palavra dita por meio de Jeremias setenta anos antes. Outra ilustração semelhante se acha em Esdras 7.27, onde vemos Esdras rendendo graças por aquilo que Deus levara o rei Artaxerxes a fazer, a fim de completar e ornar a casa que fora erigida de conformidade com o decreto de Ciro: "Bendito seja o SENHOR Deus de nossos pais, que deste modo moveu o coração do rei para ornar a casa do SENHOR a qual está em Jerusalém" (Ed 7.27).

3. Às vezes, Deus exerce sobre os ímpios uma influência direcionadora, de maneira que o mal que pretendiam fazer termina resultando em bem.

Uma vez mais, voltemos à narrativa sobre José. Ao venderem José aos ismaelitas, os seus irmãos foram motivados pela crueldade e pela dureza de coração. O objetivo era acabar com ele de qualquer modo, e a passagem de mercadores em viagem, naquela hora, lhes serviu de oportuna solução. Para eles, o ato simplesmente significava a escravidão de um jovem de nobre caráter, em troca de um pequeno lucro financeiro. Mas observe agora como Deus estava agindo secretamente, mudando o curso das iníquas ações dos irmãos de José. A providência operou de modo que aqueles mercadores ismaelitas passassem no momento exato para evitar que José fosse assassinado, visto que seus irmãos já tinham resolvido tirar-lhe a vida. Além disso, aqueles ismaelitas estavam de viagem para o Egito, que era exatamente o país para onde Deus tinha resolvido enviar José; e foi Deus quem ordenou que os ismaelitas comprassem José justamente naquela ocasião. Que a mão de Deus estava neste incidente, e que não foi tudo mera coincidência, se evidencia nas palavras que José dirigiu a seus irmãos, em data posterior: "Deus me enviou adiante de vós, para conservar vossa sucessão na terra e para vos preservar a vida por um grande livramento" (Gn 45.7).

Outra impressionante ilustração de como Deus dirige os ímpios acha-se em Isaías 10.5-7: "Ai da Assíria, cetro da minha ira! A vara em sua mão é o instrumento do meu furor. Envio-a contra uma nação ímpia e contra o povo da minha indignação lhe dou ordens, para que dele roube a presa, e lhe tome o despojo, e o ponha para ser pisado aos pés, como a lama das ruas. Ela, porém, assim não pensa, o seu coração não entende assim; antes intenta consigo mesma destruir e desarraigar não poucas nações". O rei da Assíria resolvera ser um conquistador de âmbito mundial e "desarraigar não poucas nações". Mas Deus dirigiu e controlou sua concupiscência e ambição militares, levando-o a concentrar sua atenção, naqueles dias, sobre a conquista da insignificante nação de Israel. Isso era algo que não estava no arrogante coração do rei assírio — "assim não pensa" — mas Deus lhe deu essa incumbência, e ele nada mais pode fazer senão cumpri-la (comparar também com Juízes 7.22).

O supremo exemplo de como Deus exerce uma influência controladora e orientadora sobre os ímpios é a cruz de Cristo, com todas as circunstâncias a ela vinculadas. Se houve uma ocasião na qual a providência se evidenciou, foi no evento da cruz.

Desde toda a eternidade Deus predestinara cada detalhe desse supremo acontecimento. Nada foi deixado ao acaso ou ao capricho humano. Deus decretara onde, quando e como o seu bendito Filho morreria. Muitas coisas que Deus determinara com respeito à crucificação tinham sido anunciadas por meio dos profetas do Antigo Testamento; de modo que, no cumprimento exato e literal dessas profecias temos uma prova clara, uma demonstração plena, da influência controladora e orientadora que Deus exerce sobre os ímpios. Nada aconteceu fora daquilo que Deus ordenara, e tudo quanto o Senhor ordenara aconteceu exatamente conforme ele mesmo propusera. Fora decretado (e revelado nas Escrituras) que o salvador seria traído por um de seus próprios discípulos — por seu "amigo íntimo" (Sl 41.9; comparar com Mateus 26.50)? Sim; e Judas foi o discípulo que O vendeu. Fora decretado que o traidor receberia trinta moedas de prata por sua horrenda perfídia? Sim; e os sumos sacerdotes foram constrangidos a oferecer-lhe exatamente essa soma. Fora decretado que o dinheiro da traição seria empregado na compra do campo do oleiro? Sim; e a mão de Deus dirigiu Judas de tal modo que este devolveu o dinheiro aos sacerdotes, e Deus guiou os sacerdotes para que decidissem fazer exatamente isso (Mt 27.7). Fora decretado que se levantassem "iníquas testemunhas" contra Cristo (Sl 35.11)? Pois bem, foram achados indivíduos dessa natureza. Fora decretado que o Senhor da glória seria açoitado e que lhe cuspiriam no rosto (Is 50.6)? Ora, não faltaram aqueles que vilmente se prestaram a isso. Fora decretado que o salvador seria "contado com os transgressores"? Pilatos, sem perceber que estava sendo dirigido por Deus, ordenou sua crucificação juntamente com os dois ladrões. Fora decretado que vinagre e fel lhe seriam oferecidos, enquanto ele pendia na cruz? Esse decreto divino foi literalmente cumprido. Fora decretado que soldados cruéis lançariam sortes sobre suas vestes? Então, foi justamente isso que fizeram. Fora decretado que nenhum de seus ossos seria quebrado (Êx 12.46 e Nm 9.12)? Pois bem, a mão orientadora de Deus, que permitiu que os soldados romanos quebrassem as pernas dos ladrões, impediu-os de fazer o mesmo com nosso Senhor. Ah! não foram suficientes os soldados de todas as legiões romanas, não foram suficientes todos os demônios de todas as hierarquias de Satanás, para quebrar um único osso do corpo de Cristo. E por que não? Porque o Soberano onipotente tinha decretado que nenhum de seus ossos seria quebrado. Precisamos demorar-nos ainda mais neste parágrafo? No que se refere à crucificação, o cumprimento acurado e literal de tudo aquilo que as Escrituras predisseram, não demonstra, sem qualquer controvérsia, que um poder onipotente estava dirigindo e supervisionando tudo quanto foi feito naquele dia?

4. Deus também endurece o coração de homens ímpios e lhes cega o entendimento.

"Deus endurece o coração dos homens! Deus cega o entendimento dos homens!" Sim, é assim que as Escrituras apresentam Deus. Ao desenvolvermos o tema da soberania de Deus em operação, reconhecemos que chegamos ao aspecto mais solene de todos e que, especialmente neste particular, precisamos nos manter bem achegados às palavras das Sagradas Escrituras. Não permita Deus que nos adiantemos, uma simples fração que seja, além do que diz a Palavra; ao contrário, que ele nos conceda graça para irmos até onde vai a sua Palavra. É verdade que as coisas ocultas pertencem ao Senhor, porém também é verdade que as coisas reveladas nas Escrituras pertencem a nós e a nossos filhos.

"Mudou-lhes o coração para que odiassem o seu povo e usassem de astúcia com os seus servos" (Sl 105.25). Temos aqui alusão à permanência dos descendentes de Jacó na terra do Egito, quando, após a morte do Faraó que acolhera o idoso patriarca e sua família, "se levantou novo rei sobre o Egito, que não conhecera a José"

(Êx 1.8). Nos dias desse novo rei, os filhos de Israel "aumentaram muito", chegando a ser mais numerosos do que os egípcios; foi então que Deus "mudou-lhes o coração para que odiassem o seu povo".

A consequência do ódio dos egípcios é bem conhecida: submeteram os israelitas a uma cruel servidão, sob impiedosos feitores, até tornar-lhes intolerável a vida. Indefesos e angustiados, os israelitas clamaram ao Senhor; o qual, respondendo a petição deles, designou Moisés para ser o libertador. Deus se revelou ao servo escolhido, deu-lhe alguns sinais miraculosos que teria de operar na corte egípcia e, então, o enviou a Faraó, a fim de solicitar-lhe licença para que os israelitas viajassem caminho de três dias pelo deserto, com a finalidade de prestarem culto ao Senhor. Antes, porém, de Moisés partir para cumprir sua missão, Deus o advertiu acerca de Faraó: "Eu lhe endurecerei o coração, para que não deixe ir o povo" (Êx 4.21). Se surgir a pergunta: Por que Deus endureceu o coração de Faraó?, a resposta que as próprias Escrituras fornecem é: para que Deus mostrasse, na pessoa de Faraó, o seu poder (Rm 9.17). Em outras palavras, foi para que o Senhor demonstrasse sua glória, derrotando aquele monarca altivo e poderoso. Se inquiríssemos ainda mais: Por que Deus escolheu esse método para demonstrar o seu poder? Responderíamos que Deus, sendo soberano, reserva para si mesmo o direito de fazer como lhe apraz.

Lemos não somente que Deus endureceu o coração de Faraó, ao ponto deste não permitir a saída dos israelitas; mas lemos também que depois de ter Deus fustigado a terra do Egito com pragas tão severas que Faraó, com relutância, deu a permissão solicitada, depois de haverem sido mortos todos os primogênitos egípcios. Tendo os israelitas deixado a terra da servidão, disse Deus a Moisés: "Eis que endurecerei o coração dos egípcios, para que vos sigam... ; serei glorificado em Faraó e em todo o seu exército, nos seus carros e nos seus cavaleiros; e os egípcios saberão que eu sou o SENHOR, quando for glorificado em Faraó, nos seus carros e nos seus cavalarianos" (Êx 14.17,18).

O mesmo aconteceu, subsequentemente, em relação a Seom, rei de Hesbom, por ter o povo de Israel de passar em seu território a caminho da terra prometida. Fazendo uma recapitulação da história do seu povo, Moisés disse: "Mas Seom, rei de Hesbom, não nos quis deixar passar por sua terra, porquanto o SENHOR teu Deus endurecera o seu espírito e fizera obstinado o seu coração, para to dar nas mãos, como hoje se vê" (Dt 2.30).

Isto também sucedeu após Israel haver entrado em Canaã. Lemos: "Não houve cidade que fizesse paz com os filhos de Israel, senão os heveus, moradores de Gibeom; por meio de guerra as tomaram todas. Porquanto do SENHOR vinha o endurecimento dos seus corações para saírem à guerra contra Israel, a fim de que fossem totalmente destruídos e não lograssem piedade alguma, antes fossem de todo destruídos, como o SENHOR tinha ordenado a Moisés" (Js 11. 19,20). Mediante a leitura de outras porções da Bíblia, sabemos por que causa o Senhor resolveu destruir "totalmente" os cananeus; a causa foi sua espantosa maldade e corrupção.

Não se confina exclusivamente ao Antigo Testamento a revelação dessa solene verdade. Em João 12.37-40, lemos: "E, embora tivesse feito tantos sinais na sua presença, não creram nele, para se cumprir a palavra do profeta Isaías, que diz: Senhor, quem creu em nossa pregação? E a quem foi revelado o braço do Senhor? Por isso não podiam crer, porque Isaías disse ainda: Cegou-lhes os olhos e endureceu-lhes o coração, para que não vejam com os olhos, nem entendam com o coração, e se convertam, e sejam por mim curados". É necessário notar aqui, com cuidado, que aqueles cujos olhos foram cegados por Deus e cujos corações ele endureceu foram homens que deliberadamente desprezaram a Luz e rejeitaram o testemunho do próprio Filho de Deus.

Semelhantemente, lemos em 2 Tessalonicenses 2.11,12: "É por este motivo, pois, que Deus lhes manda a operação do erro, para darem crédito à mentira, a fim de serem julgados todos quantos não deram crédito à verdade; antes, pelo contrário, deleitaram-se com a injustiça". O cumprimento dessas palavras ainda jaz no futuro. O que Deus fez aos judeus da antiguidade ainda fará à cristandade. Assim como os judeus dos dias de Cristo repeliram o testemunho dado pelo Senhor, e, consequentemente, os olhos lhes ficaram cegos; assim também uma cristandade culposa, que rejeita a verdade, ainda receberá da parte de Deus "a operação do erro", uma poderosa ilusão que a levará a crer em coisas falsas.

Está Deus realmente governando o mundo? Está ele exercendo o seu domínio sobre a família humana? Qual é sua maneira de administrar e governar sobre a raça humana? Até que ponto e por quais meios controla os filhos dos homens? Como Deus exerce influência sobre os ímpios, já que seus corações ardem em inimizade contra ele? Essas são algumas das perguntas que procuramos responder por meio das Escrituras, nas seções anteriores deste capítulo. Sobre seus eleitos Deus exerce um poder vivificante, dinamizante, orientador e preservador. Sobre os ímpios Deus exerce um poder restringente, abrandador, direcionador, um poder que endurece e cega, segundo os ditames da sua infinita sabedoria e justiça, visando o desenrolar do seu eterno propósito. Os decretos de Deus estão sendo executados. O que ele determinou está sendo cumprido. A maldade do homem é limitada por Deus. Os limites da prática do mal e das atividades dos malfeitores foram definidos por Deus e não podem ser ultrapassados. Embora esse fato seja ignorado por muitas pessoas, todos os homens, bons ou maus, estão sob a jurisdição do supremo Soberano e absolutamente sujeitos à sua administração — "Aleluia! Pois reina o Senhor, nosso Deus, o Todo-Poderoso" (Ap 19.6) — reina sobre todos!

7

A Soberania de Deus e a Vontade Humana

Deus é quem efetua em vós tanto o querer como o realizar, segundo a sua boa vontade. Filipenses 2,13

Quanto à natureza e ao poder da vontade do homem caído, reina a máxima confusão hoje em dia; os pontos de vista mais errôneos são sustentados, até mesmo por muitos filhos de Deus. A ideia popular, ensinada na maioria dos púlpitos, é que o homem é dotado de "livre-arbítrio" e que a salvação é dada ao pecador mediante a cooperação da vontade humana com o Espírito Santo. Negar o "livre-arbítrio" do homem, isto é, seu poder de escolher aquilo que é bom, sua capacidade inata de aceitar a Cristo, é atrair imediatamente um desagrado, inclusive da maioria dos que se professam ortodoxos. No entanto, as Escrituras afirmam enfaticamente: "Assim, pois, não depende de quem quer ou de quem corre, mas de usar Deus a sua misericórdia" (Rm 9.16). A Palavra ainda declara, expressamente: "Não há quem busque a Deus" (Rm 3.11). Cristo não disse aos homens de seu tempo: "Não quereis vir a mim para terdes vida" (Jo 5.40)? Sim; e alguns vieram a ele, alguns o receberam. Isso é verdade; e quem eram eles? João 1.12,13 nos mostra: "Mas, a todos quantos o receberam, deu-lhes o poder de serem feitos filhos de Deus, a saber, aos que creem no seu nome; os quais não nasceram do sangue, nem da vontade da carne, nem da vontade do homem, mas de Deus".

Mas não ensina a Escritura: Quem quiser, venha? É verdade, mas significa isso que todos têm vontade de vir? Que dizer daqueles que não querem vir? "Quem quiser, venha" não significa que o homem caído tem, em si mesmo, o poder de vir, tal como a expressão "Estende a tua mão" não dá a entender que o homem com a mão mirrada tinha, em si mesmo, a capacidade de obedecer. Em si e de si mesmo, o homem natural tem o poder de rejeitar a Cristo; porém, não tem o poder de receber a Cristo. E por qual razão? Porque a sua mente está em inimizade contra Deus (Rm 8.7); porque o seu coração odeia a Deus (Jo 15.18). O homem escolhe aquilo que está de acordo com a sua própria natureza, e, portanto, antes de haver a possibilidade de escolher ou preferir aquilo que é divino e espiritual, uma nova natureza precisa ser-lhe concedida; em outras palavras, importa-lhe nascer de novo.

Pode-se, porém, perguntar: O Espírito Santo não vence a inimizade e o ódio do homem, quando convence o pecador acerca de seus pecados e de sua necessidade de receber a Cristo? O Espírito de Deus não produz essa convicção em muitos daqueles que perecem? Tal linguagem revela confusão mental: se a inimizade de tal pessoa tivesse sido realmente vencida, então, de bom grado, ela se voltaria para Cristo. Mas, por não vir ao salvador, fica demonstrado que não foi vencida a inimizade dela. Há muitos que, através da pregação da Palavra, são pelo Espírito convencidos do pecado e, apesar disso, morrem na descrença: é uma solene verdade. Não devemos perder de vista, porém, o fato que o Espírito Santo faz, em cada eleito de Deus, algo mais do que nos não eleitos: ele opera nos eleitos "tanto o querer como o realizar" a boa vontade de Deus (Fp 2.13).

Respondendo àquilo que dissemos acima, os arminianos retrucariam: "Não; a obra de persuasão efetuada pelo Espírito é a mesma, tanto nos convertidos como nos não convertidos. Aquilo que distingue um grupo do outro é que os convertidos rendem-se à persuasão do Espírito, ao passo que os não convertidos resistem". Mas, se este fosse o caso, o cristão é que tornaria a si mesmo diferente; porém, as Escrituras atribuem tal diferença à graça discriminadora de Deus (1

Co 4.7). Além disso, se este fosse o caso, o cristão teria motivos para jactar-se e gloriar-se em si mesmo, em face de sua cooperação com o Espírito de Deus. Todavia, isso estaria em flagrante contradição com o trecho de Efésios 2.8, que diz: "Porque pela graça sois salvos, mediante a fé; e isto não vem de vós, é dom de Deus".

Queremos apelar à experiência pessoal do leitor crente. Não houve uma época (que tal lembrança humilhe a cada um de nós até o pó!) quando você não estava disposto a vir a Cristo? Houve. Depois daquilo, você veio a ele. Agora, você está disposto a dar-lhe toda a glória, por causa desse fato (Sl 115.1)? Você não reconhece que só veio a Cristo porque o Espírito Santo o moveu da indisposição para a disposição? Claro que reconhece. Então, também não é evidente que o Espírito Santo não realizou em muitas pessoas o que realizou em você? Muitos outros há que ouviram o evangelho, aos quais se demonstrou que precisam de Cristo. Apesar disso, ainda continuam indispostos a vir a ele. Assim, ele operou mais em você do que neles. Você poderia argumentar: "Mas, bem me lembro da ocasião na qual esta grande decisão me foi apresentada, e a minha consciência testifica que a minha vontade agiu e eu me curvei às reivindicações de Cristo sobre minha vida". É verdade! Mas antes de você "curvar-se", o Espírito Santo, em sua mente, venceu aquela inimizade natural que havia contra Deus. Contudo, o Espírito Santo não vence essa inimizade em todas as pessoas. Se alguém disser: "Isso é porque não estão dispostos a permitir que essa inimizade seja vencida"; Oh! Ninguém tem essa vontade enquanto ele não estende sua mão onipotente, operando um milagre da graça no coração.

Agora, porém, perguntamos: O que é a vontade humana? É algo que funciona através de sua própria determinação, ou é, por sua vez, determinado por outro fator? É soberana ou serva? A vontade é superior a todas as demais faculdades do nosso ser, governando--as, ou é movida pelos impulsos das demais faculdades, sendo sujeita às tendências delas? A vontade rege a mente, ou a mente é que controla a vontade? A vontade é livre para fazer o que lhe apraz ou deve obedecer a algo que lhe é externo? "A vontade é separada das outras faculdades da alma, um homem dentro do homem, que pode pôr o homem em direção contrária, voltando-se contra ele e despedaçando-o, como se fora de vidro? Ou a vontade é ligada a outras faculdades, como a cauda de uma serpente está ligada ao corpo, que, por sua vez, está ligado à cabeça, de maneira que, para onde vai a cabeça, vai o animal inteiro, e, conforme pensa o homem no seu coração, tal ele é? Primeiro vem o pensamento; depois, o coração (desejo ou aversão); e então, o ato. É o cão que abana a cauda? Ou é a vontade, a cauda, que abana o cão? A vontade é a primeira coisa no homem ou é a última a ser conservada em posição subordinada, abaixo das demais faculdades? É veraz a filosofia de ação moral e seu processo descritos em Gênesis 3.6: 'Vendo a mulher que a árvore era boa para se comer' (percepção sensorial, inteligência), 'e árvore desejável' (afeições), 'tomou-lhe do fruto e comeu' (vontade)" (G. S. Bishop). Essas questões não são de interesse apenas acadêmico. São de importância prática. Cremos que não estamos exagerando, quando afirmamos que a resposta a essas perguntas é um dos testes fundamentais quanto a firmeza doutrinária.[6']

1. A Natureza da Vontade Humana

O que é a vontade? Respondemos que a vontade é a faculdade de escolha, a causa imediata de todas as ações. Escolher necessariamente implica em recusar uma coisa e aceitar outra. O lado positivo e o

---

6   Depois de termos escrito estas palavras, lemos um artigo do falecido J.N.Darby, intitulado "O suposto livre-arbítrio do homem", que começa com as seguintes palavras: "Esse ressurgimento da doutrina do livre-arbítrio se presta para apoiar a pretensão de que o homem natural não está irremediavelmente caído, pois essa é a direção a que tende tal doutrina. Todos quantos nunca sentiram profunda convicção de pecados, todos nos quais essa convicção se alicerça em grosseiros pecados externos, creem, em maior ou menor grau, no livre-arbítrio".

negativo precisam estar presentes na mente, antes que possa haver escolha. Em cada ato da vontade há uma preferência — o desejar uma coisa e não outra. Quando não há preferência, mas completa indiferença, não há volição. Querer é escolher, e escolher é decidir entre alternativas. Mas há algo que influencia a escolha, algo que determina a decisão. A vontade, pois, não pode ser soberana, porque é escrava desse algo que a influencia e determina. A vontade não pode ser soberana e serva ao mesmo tempo. Ela não pode ser tanto a causa como o efeito, porque, como dissemos, algo a induz a fazer uma escolha; portanto, esse algo tem de ser o agente causal. A própria escolha é afetada por certas considerações, é determinada por várias influências que operam sobre o próprio indivíduo. Assim, a volição é o efeito dessas considerações e influências; e, se é o efeito, logo deve ser-lhes serva. Ora, se a vontade é serva de tais considerações e influências, já não é soberana. E se a vontade não é soberana, não lhe podemos atribuir "liberdade" absoluta. Os atos da vontade não se produzem por si mesmos; dizer que podem é postular um efeito sem causa. "Ex nihilo nihil fit" — do nada, nada se faz.

Em todos os tempos, porém, tem havido os que sustentam a absoluta liberdade ou soberania da vontade humana. Argumentam que a vontade tem um poder autodeterminativo. Como exemplo, dizem que posso voltar os olhos para cima ou para baixo; a mente é indiferente quanto ao que faço; a vontade é que tem de decidir. Porém, isso é uma contradição de termos. Pressupõe-se que eu escolho uma coisa em preferência à outra, quando estou em um estado de completa indiferença. É óbvio que ambas não podem ser verdadeiras. Pode-se replicar que a mente permaneceu indiferente até que demonstrou uma preferência. Exatamente nessa ocasião, a vontade também permanecia quiescente! Porém, logo que desapareceu a indiferença, foi feita a escolha, e o fato de ter a indiferença cedido lugar à preferência derruba o argumento de que a vontade tem a capacidade de escolher entre duas coisas. Conforme dissemos, escolher pressupõe aceitar uma alternativa e rejeitar outra ou outras.

Sempre há algo que leva a vontade a fazer uma escolha. E, se a vontade é determinada, então há algo que a determina. O que determina a vontade? Respondemos que é uma poderosa força motivadora que se faz sentir sobre ela. A natureza dessa força é diferente, nos diversos casos. Em uma pessoa, pode tratar-se da lógica do raciocínio; em outra, pode ser o impulso das emoções; em outra, a voz da consciência; em outra, o sussurro do tentador; em outra, o poder do Espírito Santo. Qualquer dessas forças motivadoras que exerça a influência maior e que seja mais poderosa sobre o próprio indivíduo é a que impulsiona a vontade à ação. Em outras palavras, a operação da vontade é determinada por aquela condição mental (por sua vez influenciada pelo mundo, pela carne, pelo diabo ou pelo Senhor Deus) que possui o maior grau de tendência a excitar a vontade. Ilustrando o que acabamos de dizer, analisemos um exemplo simples: Numa tarde de domingo, um amigo nosso estava com forte dor de cabeça. Visitas deveriam ser feitas a enfermos, e ele não queria faltar; temia, porém, que o esforço lhe agravasse o estado, ao ponto de não poder pregar o evangelho naquela noite. Defrontava-se com duas alternativas: visitar os doentes e arriscar-se a adoecer ou descansar naquela tarde (e visitar os doentes no dia seguinte), havendo a probabilidade de levantar-se com novas forças e em condições de participar do culto noturno. Ora, o que ajudou nosso amigo em sua escolha entre as duas alternativas? A vontade? De modo nenhum. É verdade que, finalmente, a vontade fez uma escolha, mas a própria vontade foi motivada a fazer tal escolha. No caso de nosso amigo, certas considerações apresentaram fortes motivos em favor da seleção de uma ou outra alternativa; esses motivos foram confrontados entre si, pelo próprio indivíduo, isto é, pelo seu coração e pela sua mente; e foi estabelecida a alternativa que teve o apoio de motivos mais poderosos. A decisão adequada foi tomada, e, então, a vontade passou a agir. Por um lado, nosso amigo sentiu-se impulsionado, pelo senso do dever, a ir visitar os enfermos; a compaixão o movia a agir assim, e esse foi um forte motivo que se lhe apresentou à mente. Por outro lado, seu bom senso fê-lo lembrar que ele mesmo estava longe de sentir-se bem, que necessitava urgentemente de um bom descanso e que, se visitasse os enfermos naquele estado, provavelmente pioraria, ficando impedido de pregar o evangelho naquela noite. Outrossim, sabia que, no dia seguinte, permitindo-o Deus, poderia visitar os enfermos e, sendo assim, concluiu que deveria descansar naquela tarde. Dois grupos de alternativas se apresentaram a nosso irmão: de um lado, seu senso de dever mais a sua própria simpatia; de outro lado, o reconhecimento de sua própria necessidade mais a preocupação pela glória de Deus, pois sentia que devia pregar o evangelho naquela noite. A última alternativa foi que prevaleceu. Considerações espirituais sobrepujaram o senso de dever. Tomada a decisão, a vontade agiu nesse sentido, e ele foi descansar. Uma análise deste caso evidencia que a mente, a capacidade de raciocinar, foram dirigidas por considerações espirituais; e, a mente, por sua vez, regulou e controlou a vontade. Por isso dizemos que, se a vontade é controlada, ela não é soberana nem livre, sendo apenas uma serva da mente.

Frequentemente ensina-se que a vontade governa o homem; mas a Palavra de Deus afirma que o coração é o centro dominante do ser. Muitos trechos bíblicos poderiam ser citados em abono deste fato. "Sobre tudo o que se deve guardar, guarda o teu coração, porque dele procedem as fontes da vida" (Pv 4.23). "Porque de dentro, do coração dos homens, é que procedem os maus desígnios, a prostituição, os furtos, os homicídios, os adultérios" (Mc 7.21). Aqui, nosso Senhor traça esses atos pecaminosos até sua fonte original e declara que remontam ao "coração" e não à vontade! E lê-se, também: "Este povo honra-me com os lábios, mas o seu coração está longe de mim" (Mt 15.8). Se fosse necessário apresentar mais provas, poderíamos chamar a atenção para o fato de que a palavra "coração" ocorre na Bíblia três vezes mais do que a palavra "vontade", embora tenhamos de levar em conta que aproximadamente metade das referências à palavra "vontade" tem em vista a vontade de Deus!

Quando afirmamos que é o coração e não a vontade que governa o homem, não estamos apenas debatendo palavras; insistimos numa importantíssima e vital distinção. Diante de uma pessoa há duas alternativas; qual das duas haverá ela de escolher? Respondemos que é aquela que lhe parecer mais agradável, ou seja, ao seu "coração" — o âmago do seu ser. Perante o pecador se contrapõem, de um lado, uma vida virtuosa e piedosa; de outro, uma vida de prazeres pecaminosos — qual dessas alternativas ele escolherá? A segunda alternativa. Por quê? Porque essa foi a sua escolha. Mas isto comprova que a vontade é soberana? De modo nenhum. Procedamos do efeito para a causa. Por que o pecador escolhe a vida de prazeres pecaminosos? Porque a prefere — e a prefere mesmo, apesar de todos os argumentos em contrário, e de, naturalmente, não apreciar os efeitos dessa maneira de viver. Mas, por que a prefere? Porque o seu coração é pecaminoso. Idênticas alternativas se apresentam ao crente, o qual busca e esforça-se por uma vida de piedade e virtude. Por quê? Porque Deus lhe proporcionou um novo coração, uma nova natureza. Dizemos, por conseguinte, que não é a vontade que ensurdece o pecador a todos os apelos para que este abandone o seu mau caminho; é o seu coração corrupto e pecaminoso. Não quer vir a Cristo, porque isso não lhe apraz; e não lhe apraz porque o seu coração odeia a Cristo e ama o pecado (Jr 17.9)![7]

---

[7] Pode surgir a pergunta: Por que, se essa é a verdadeira condição do homem, as Escrituras se dirigem à vontade do homem? Não está escrito: "E quem quiser receba de graça a água da vida" (Ap 22.17)? Reconhecemos, sem restrições, esse fato. Tais exortações demonstram que o homem tem a responsabilidade de se arrepender, crer e receber a Cristo; e todos esses deveres envolvem a reação da vontade. Porém, como o demonstram outras passagens bíblicas, se os homens reagirão dessa forma ou não, depende do estado da natureza humana, da

2. A Escravidão da Vontade Humana

Qualquer tratado que se proponha a falar sobre a vontade humana, sua natureza e suas funções, tem de abordar a questão de acordo com três homens diferentes: Adão, antes da queda, o pecador e o Senhor Jesus Cristo. A vontade de Adão, antes da queda, era livre, livre em ambas as direções — para fazer o bem e para fazer o mal. A situação do pecador, porém, é bem diferente disso. O pecador nasce com uma vontade sem condições de equilíbrio moral, porque existe nele um coração enganoso, "mais do que todas as cousas, e desesperadamente corrupto" (Jr 17.9); isso lhe empresta a tendência para o mal. Da mesma forma, a situação do Senhor Jesus era completamente outra. Ele era radicalmente diferente do primeiro homem antes da queda. O Senhor Jesus Cristo não podia pecar porque era o "Santo de Deus". Antes de Cristo ter nascido, foi dito a Maria: "Descerá sobre ti o Espírito Santo, e o poder do Altíssimo te envolverá com a sua sombra; por isso também o ente santo que há de nascer será chamado Filho de Deus" (Lc 1.35). Falando com toda a reverência,

---

qual a vontade é a expressão. A vontade é a *causa imediata* das ações e não a *causa primária*.

Supõe-se constantemente que o homem não pode ser responsabilizado por sua resposta ao evangelho, a não ser que tenha a *capacidade* de escolher a Cristo; assim, geralmente tem-se admitido que o "livre-arbítrio" e a responsabilidade humana são sinônimos e que não se pode negar um sem negar o outro. É nessa confusa base que frequentemente se levanta a acusação de que a Fé Reformada não dá o devido valor à responsabilidade do homem, porque nega o seu "livre-arbítrio". (Veja "Nota sobre a Responsabilidade", p. 119-120)

O ponto de vista bíblico e reformado a respeito da responsabilidade do homem é, de fato, muito mais profundo que o popular conceito arminiano. O homem é responsável não só por sua vontade, mas também por toda a sua natureza; e, enquanto essa natureza permanece na condição em que o pecado (e não Deus) a deixou, ela "não aceita as coisas do Espírito de Deus" (1 Co 2.14) e não quer vir a Cristo para ter vida (Jo 5.40). Consequentemente, embora todos tenham o dever de receber a Cristo, só a vontade daquele cuja natureza tenha sido renovada pelo Espírito Santo é a que responde ao evangelho. (Nota de *The Banner of Truth*.)

poder-se-ia dizer que a vontade do Filho do homem não estava em equilíbrio moral, isto é, capaz de pender para o bem como para o mal. A vontade do Senhor Jesus estava predisposta para o que é bom, pois, lado a lado com a sua humanidade impecável, santa e perfeita, havia a sua eterna divindade. Ora, em distinção à vontade do Senhor Jesus, que tendia para o bem, e à vontade de Adão, que, antes de sua queda, estava em condição de equilíbrio moral — capaz de pender tanto para o bem como para o mal — a vontade do pecador é predisposta para o mal, estando, portanto, livre em uma só direção, a saber, na direção do mal. A vontade do pecador está escravizada, porque, conforme já dissemos, está sujeita a um coração depravado.

Em que consiste a liberdade do pecador? Essa pergunta é naturalmente sugerida por aquilo que dissemos acima. O pecador é livre no sentido de não ser forçado de fora.[8] O pecador nunca é forçado a pecar. Porém, não é livre para praticar ou o bem ou o mal, porquanto o coração mau que nele reside sempre o impulsiona para o pecado. Passamos a ilustrar o que temos em mente. Tenho na mão um livro. Solto-o. O que acontece? ele cai. Em que direção? Para baixo; sempre para baixo. Por quê? Porque, obedecendo à lei da gravidade, seu

---

[8] Devemos lembrar com clareza que a Teologia Reformada jamais nega, como às vezes se supõe, que o homem tem a "liberdade de agir". A liberdade de agir é diferente da questão do "livre-arbítrio" (conforme esta expressão é geralmente usada) e não deve haver confusão entre essas duas expressões. Cf. *Systematic Theology*, de Louis Berkhof, p. 248, e *Systematic Theology*, de Charles Hodge, vol. 11, pp. 260 e 261. Hodge escreveu: "A doutrina da incapacidade do homem não pressupõe que ele tenha cessado de ser um agente livre, do ponto de vista moral. Ele é livre porque determina os seus próprios atos. Cada escolha é um ato de livre autodeterminação. O homem é um agente moral livre, porque tem consciência da obrigação moral, e, sempre que peca, age livremente contra as convicções da consciência ou contra os preceitos da lei moral. O fato do homem estar em uma condição, que, de modo uniforme, prefere e escolhe o mal, ao invés do bem, como o fazem os anjos caídos, não contradiz a sua ação moral livre mais do que o fato de estar ele em uma condição em que prefere e escolhe o bem com a mesma coerência manifestada pelos anjos santos". (Nota de *The Banner of Truth.*)

próprio peso o leva para baixo. Imaginemos, porém, que eu deseje que o livro fique um metro para cima. Então, o que fazer? Preciso erguê-lo. Uma força externa precisa fazê-lo subir. Essa é a relação entre o homem caído e Deus. Enquanto o poder divino o sustenta, ele é impedido de afundar cada vez mais no pecado; retirado esse poder, o homem cai — seu próprio pecado (qual peso) o afunda. Deus não o empurra para baixo, como eu também não empurrei o livro para baixo. Removidas todas as restrições divinas, todo homem seria capaz de tornar-se e se tornaria um Caim, um Faraó, um Judas. Como, pois, pode o pecador subir em direção aos céus? Por um ato de sua própria vontade? Não. Um poder externo precisa dominá-lo, para então erguê-lo a cada centímetro em sua subida. O pecador é livre, mas em uma só direção — livre para cair, livre para pecar. É conforme afirma a Palavra de Deus: "Porque, quando éreis escravos do pecado, estáveis isentos em relação à justiça" (Rm 6.20). O pecador é livre para praticar o que lhe apraz (exceto quando ele é refreado por Deus), mas o seu prazer é cair no pecado.

Na primeira parte deste capítulo, insistimos em que é de importância prática termos um conceito adequado a respeito da natureza e da função da vontade. E mais, dissemos que isso constitui um teste fundamental da ortodoxia teológica e da firmeza doutrinária. Desejamos desenvolver mais essa afirmativa, procurando demonstrar a sua exatidão. A questão da liberdade ou da servidão da vontade foi a linha divisória entre o agostinianismo e o pelagianismo, e, em tempos mais recentes, entre o calvinismo e o arminianismo. Em resumo, isso quer dizer que a diferença envolvida era a afirmação ou a negação da total depravação do homem.

3. A Incapacidade da Vontade Humana

Está ao alcance da vontade do homem aceitar ou rejeitar o Senhor Jesus como salvador? Admitindo o fato que o evangelho é pregado ao pecador e também que o Espírito Santo o convence de seu estado de perdição, o render-se a Deus está, afinal de contas, ao alcance da própria vontade do pecador? A nossa resposta a essa pergunta define o conceito que temos a respeito da depravação humana. Todos os cristãos professos admitirão que o homem é uma criatura caída, mas a dificuldade consiste em determinar o que eles entendem pelo termo "caído". A impressão geral parece ser a de que o homem passou a ser mortal, não estando mais nas condições em que saiu das mãos do Criador; que é suscetível às doenças e herdeiro de tendências pecaminosas; mas também há a impressão geral de que, se o homem empregar suas capacidades da melhor maneira possível, de algum modo, finalmente, ele alcançará a felicidade. Quão longe estão tais ideias de corresponder à triste verdade! As enfermidades, as debilidades e até mesmo a morte física são ninharias em comparação com os efeitos morais e espirituais da queda! É somente consultando as Sagradas Escrituras que podemos obter alguma ideia do alcance dessa terrível calamidade.

Quando dizemos que o homem é totalmente depravado, queremos afirmar que a entrada do pecado na constituição humana afetou cada parte e cada faculdade do seu ser. Por depravação total se entende que o homem é escravo do pecado e prisioneiro do diabo, em corpo, alma e espírito, andando "segundo o curso deste mundo, segundo o príncipe da potestade do ar, do espírito que agora atua nos filhos da desobediência" (Ef 2.2). Essa afirmação não deveria suscitar nenhuma discussão; é um fato comum da experiência humana. O homem é incapaz de concretizar suas próprias aspirações e de materializar seus próprios ideais. Não pode fazer as coisas que gostaria de fazer. Há certa incapacidade moral que o paralisa. Isso é uma prova positiva de que ele não é livre; pelo contrário, é escravo do pecado e de Satanás. "Vós sois do diabo, que é vosso pai, e quereis satisfazer-lhe os desejos" (Jo 8.44). O pecado é mais do que um ato ou uma série de atos; é um estado ou condição que subjaz aos atos pecaminosos e que os produz. O pecado penetrou e permeou todo o ser humano; cegou-lhe o entendimento, corrompeu-lhe o coração e alienou-lhe a mente em relação a Deus. E a vontade do homem não escapou a esses efeitos. A vontade humana está sob o domínio do pecado e de Satanás. Portanto, ela não é livre. Em resumo, as emoções se expressam e a vontade escolhe como devem elas expressar-se, de conformidade com o estado do coração, e por ser o coração enganoso, mais do que todas as coisas, e desesperadamente corrupto, "não há quem busque a Deus" (Rm 3.11).

Repetimos a nossa pergunta: Entregar-se a Deus está ao alcance da vontade do homem? Procuremos a resposta mediante várias outras indagações. Pode a água, por si mesma, subir acima do seu próprio nível? Pode uma coisa limpa surgir de uma coisa suja? Pode a vontade reverter completamente a tendência e o caráter da natureza humana? Aquilo que está sob o domínio do pecado pode dar origem àquilo que é puro e santo? É claro que não. Para que a vontade de uma criatura caída e depravada possa subir em direção a Deus, é mister que lhe seja aplicado um poder divino que vença as influências do pecado, as quais procuram arrastá-la em outra direção. Isso é apenas uma outra maneira de dizer: "Ninguém pode vir a mim se o Pai, que me enviou, não o trouxer" (Jo 6.44). Em outras palavras, o povo de Deus deve apresentar-se voluntariamente no dia do seu poder (Sl 110.3). Conforme disse J.N. Darby: "Se Cristo veio salvar o que estava perdido, decorre daí que o livre-arbítrio não tem lugar ou razão de ser. Não que Deus impeça os homens de receberem a Cristo — muito pelo contrário. Mas, até mesmo quando Deus emprega todos os recursos para induzir o homem, todos os meios capazes de exercer influência sobre o coração humano, tudo serve apenas para demonstrar que o homem não tem poder algum; que o seu coração é tão corrupto, sua vontade é tão obstinada em não sujeitar-se a Deus (sem contarmos a influência do diabo para induzir o homem ao pecado), que nada pode induzi-lo a receber o Senhor e a abandonar o pecado. Se a expressão 'a liberdade do homem' significa que ninguém força o homem a rejeitar o Senhor, então realmente existe tal liberdade. Porém, se isso é dito devido ao fato que o homem não pode escapar da sua condição e escolher o bem, por causa do domínio do pecado, do qual se tornou escravo por sua própria vontade — então, *o homem não tem a mínima liberdade*" (grifo nosso).

A vontade não é soberana; é serva, porquanto é influenciada e controlada pelas demais faculdades do homem. A vontade não é livre porque o homem é escravo do pecado, o que se percebe nas palavras de nosso Senhor: "Se, pois, o Filho vos libertar, verdadeiramente sereis livres" (Jo 8.36). O homem é um ser racional e, por isso mesmo, é responsável perante Deus; entretanto, afirmar que ele tem a capacidade de escolher o que é espiritualmente bom é negar seu estado de total depravação, ou seja, é negar que a sua vontade, tal como o resto de sua personalidade, é depravada. Visto que a vontade do homem é governada por sua mente e por seu coração e visto que um e outro foram debilitados e corrompidos pelo pecado, segue-se que a única maneira pela qual o homem pode voltar-se para Deus, ou mover-se em direção a ele, é que o próprio Deus efetue nele "tanto o querer como o realizar, segundo a sua boa vontade" (Fp 2.13). A liberdade da qual o homem se orgulha é, na verdade, a escravidão da corrupção; ele serve a "toda sorte de paixões e prazeres". Um servo de Deus, com profundos conhecimentos espirituais, disse: "Quanto à sua vontade, o homem é impotente. Não possui uma vontade que se incline para Deus. Eu creio no livre-arbítrio; mas *trata-se de uma liberdade pela qual a vontade pode agir tão somente segundo sua própria natureza* (grifo nosso). A pomba não tem qualquer vontade de ingerir carniça; o corvo não tem qualquer vontade de comer a comida limpa da pomba. Se a natureza da pomba fosse implantada no corvo, este comeria o alimento daquela. Satanás não pode ter vontade de praticar a santidade. Falando com toda a reverência, o Senhor Deus não pode desejar aquilo que é mau. E o pecador, em sua natureza pecaminosa, jamais poderia ter uma vontade nos moldes desejados por Deus. Para tanto, precisa nascer de novo" (J. Denham Smith). É precisamente isso que temos sustentado ao longo deste capítulo — a vontade é regulada pela natureza pecaminosa.

Entre os "decretos" do Concílio de Trento (1563), declaradamente o padrão do papismo, achamos o seguinte (nos cânones sobre a justificação): "Se alguém afirmar que o livre-arbítrio do homem, movido e despertado por Deus, não coopera, por meio do seu consentimento, com Deus, que o move e desperta, de modo a dispor-se e preparar-se para alcançar a justificação; se, além disto, alguém disser que a vontade humana não pode recusar-se a obedecer, se assim ela quiser, e que ela é inativa, meramente passiva; que tal pessoa seja anátema!"

"Se alguém afirmar que desde a queda de Adão o livre-arbítrio do homem foi perdido e extinto; ou que é algo meramente nominal, um título sem realidade, uma ficção introduzida por Satanás na igreja; que tal pessoa seja anátema!"

Assim, aqueles que hoje insistem no livre-arbítrio do homem natural creem exatamente o que Roma ensina sobre a questão!

Para que o pecador fosse salvo, três coisas se fizeram indispensáveis: Deus Pai teve que determinar sua salvação, Deus Filho teve de adquiri-la e Deus Espírito Santo teve de aplicá-la. Deus faz mais do que simplesmente propor-nos a salvação. Se Deus apenas nos convidasse, estaríamos todos perdidos. Isso é ilustrado de maneira marcante no Antigo Testamento. Lemos em Esdras 1.1-3: "No primeiro ano de Ciro, rei da Pérsia, para que se cumprisse a palavra do SENHOR, por boca de Jeremias, despertou o SENHOR o espírito de Ciro, rei da Pérsia, o qual fez passar pregão por todo o seu reino, como também por escrito, dizendo: Assim diz Ciro, rei da Pérsia: O SENHOR Deus dos céus me deu todos os reinos da terra e me encarregou de lhe edificar uma casa em Jerusalém de Judá. Quem dentre vós é de todo o seu povo, seja seu Deus com ele, e suba a

Jerusalém de Judá, e edifique a casa do SENHOR, Deus de Israel; ele é o Deus que habita em Jerusalém". Segundo lemos, fez-se um oferecimento a um povo cativo, concedendo-lhe a oportunidade de voltar a Jerusalém — o lugar da habitação do Senhor. Todos os israelitas responderam sofregamente a esse convite? Não, de modo algum. A vasta maioria se contentou em permanecer na terra do inimigo. Somente um "remanescente" tirou proveito dessa proposta misericordiosa! E, por que eles assim o fizeram? Preste atenção à resposta das Escrituras: "Então se levantaram os cabeças de famílias de Judá e de Benjamim, e os sacerdotes e os levitas, com todos aqueles cujo espírito Deus despertou, para subirem a edificar a casa do SENHOR, a qual está em Jerusalém" (Ed 1.5). Por semelhante modo, Deus "desperta" os espíritos dos seus eleitos, quando lhes chega a chamada eficaz; e é somente então que têm qualquer disposição para responder à proclamação divina.

A obra superficial de muitos dos evangelistas profissionais dos últimos cinquenta anos é responsável por boa parte das opiniões errôneas, atualmente em voga, quanto à escravidão do homem natural, as quais são ajudadas pela preguiça dos ouvintes, que deixam de julgar "todas as cousas" (1 Ts 5.21). O púlpito evangélico típico de nossos dias deixa a impressão de que está inteiramente no poder do pecador aceitar ou não a salvação. Diz-se que "Deus fez a parte dele, e o homem precisa fazer a parte que lhe compete". Infelizmente, um morto nada pode fazer, e, por natureza, os homens estão mortos nos delitos e pecados (Ef 2.1). Se essa verdade fosse crida realmente, haveria mais dependência do Espírito Santo, para ele atuar com seu poder que opera milagres, e menos confiança em nossas tentativas de "ganhar homens para Cristo".

Dirigindo-se aos não salvos, os pregadores com frequência usam uma analogia do modo pelo qual Deus oferece o evangelho ao pecador. Imaginam o pecador como um enfermo, acamado, com o remédio para curá-lo, posto sobre a mesinha a seu lado; tudo o que o pecador precisa fazer é esticar o braço e tomar o remédio. Mas, para que essa ilustração retrate de maneira justa o quadro que a Bíblia nos fornece sobre o pecador caído e depravado, há necessidade do homem enfermo e acamado ser descrito como cego (Ef 4.18), de tal modo que não pode ver o medicamento, e tendo a mão paralisada (Rm 5.6), de tal forma que não pode apanhar o remédio. Além disso, seu coração deve ser mostrado não apenas como sendo destituído de total confiança no remédio, mas também cheio de ódio contra o próprio médico (Jo 15.18). Quão superficiais são os pontos de vista hoje em dia defendidos quanto à desesperadora situação do homem! Cristo veio à terra não para ajudar àqueles que estavam dispostos a ajudarem-se a si mesmos, mas para realizar, em prol do seu povo, aquilo que eram incapazes de fazer por si mesmos, ou seja, para abrir os olhos aos cegos, para tirar da prisão o cativo e do cárcere os que jazem nas trevas (Is 42.7).

Concluindo, discutiremos agora a objeção usual e inevitável: por que pregar o evangelho, se os homens não têm a capacidade de responder favoravelmente a ele? Por que convidar o pecador a vir a Cristo, se o pecado o escravizou de tal maneira que não tem em si mesmo a capacidade de vir? Nossa resposta é: não pregamos o evangelho porque cremos que o homem possui "livre-arbítrio", e, portanto, é capaz de receber a Cristo. Mas nós o pregamos porque esse foi o mandamento que recebemos[9] (Mc 16.15). E porque, em-

---

9   "A única base ou garantia para o ato humano de anunciar o perdão e a salvação a seu semelhante é a autoridade e a ordem de Deus, através de sua Palavra" (Historical *Theology*, William Cunningham, Volume II, pp. 347-8).

Nota sobre a Responsabilidade:
   A afirmação de que a responsabilidade pressupõe ter capacidade é uma argumentação filosófica, e não uma afirmação bíblica. No entanto, no século XIX tal pensamento foi popularizado por evangelistas como Charles G.Finney, por exemplo, e se tornou aceito quase que universalmente. Ao considerar o posicionamento de Finney, Charles Hodge escreveu: "No seu entendimento, é uma *verdade fundamental* afirmar que o livre-arbítrio é essencial para a obrigatorie-

bora o evangelho seja uma loucura para os que se perdem, "para nós, que somos salvos, é poder de Deus" (1 Co 1.18). "Porque a loucura de Deus é mais sábia do que os homens; e a fraqueza de Deus é mais forte do que os homens" (1 Co 1.25). O pecador está morto em delitos e pecados (Ef 2.1); e um morto não tem a capacidade de desejar coisa alguma. Porquanto "os que estão na carne [os não regenerados] não podem agradar a Deus" (Rm 8.8).

Para a sabedoria carnal, parece o cúmulo da loucura pregar o evangelho aos que estão mortos, sendo que, por isso, estão além da possibilidade de fazer qualquer coisa por si mesmos. Sim, mas os caminhos de Deus são diferentes dos nossos. "Aprouve a Deus salvar aos que creem, pela loucura da pregação" (1 Co 1.21). Os homens podem considerar loucura o pregar a "ossos secos", dizendo-lhes: "Ossos secos, ouvi a palavra do SENHOR" (Ez 37.4). Ah! mas afinal, foi a Palavra do Senhor, e as palavras que ele profere "são espírito e são vida" (Jo 6.63). Homens entendidos, ao lado do túmulo de Lázaro, poderiam caracterizar como evidência de loucura o ato de Jesus,

---

dade moral e que de nenhum homem é exigido fazer o que está fora de seu próprio poder."

"É bastante evidente a falácia pela qual Finney é culpado. Ele transporta uma máxima, que é um axioma de uma determinada doutrina, para uma outra doutrina, que não tem força de legitimidade. É uma verdade fundamental a afirmação de que um homem sem olhos não tem a obrigação de enxergar ou que alguém sem ouvidos não tem o dever de ouvir. Portanto, no campo das impossibilidades físicas, sem dúvida é verdadeira a máxima de que o dever é limitado pela capacidade. Porém, não é menos verdadeiro afirmar que a incapacidade do homem é perfeitamente coerente com o fato do homem ser sempre responsável por seus atos, visto que tal incapacidade tem sua origem no pecado, se constitui do que é pecaminoso e se relaciona à ação moral. Um dos fatos mais comuns relacionados à consciência é que o sentimento de obrigação é coerente com a convicção da total incapacidade. É um dito filosófico: 'Eu tenho a obrigação; portanto, eu posso'. A isto todo coração que sente o peso do pecado responde: 'Eu deveria ser capaz, mas não sou'. Tal é o testemunho da consciência e, também, a pura doutrina bíblica... Segundo Neander, o princípio radical da doutrina pelagiana levou à conclusão de que a liberdade moral consiste na capacidade de escolher entre o bem e o mal". (Charles Hodge, *Essay and Reviews* [Ensaios e Resenhas], pp. 252-261 — Nota de *The Banner of Truth*.)

ao dizer ele a um morto: "Lázaro, vem para fora". Contudo, aquele que assim falou era e é a própria ressurreição e a vida, e, mediante a sua palavra, até os mortos vivem! Portanto, o evangelho é por nós pregado, não porque creiamos que os pecadores têm, em si mesmos, o poder de receber ao salvador proclamado, mas porque o próprio evangelho é o poder de Deus para a salvação de todo aquele que crê e porque sabemos que todos quantos têm sido "destinados para a vida eterna" (At 13.48) haverão de crer (Jo 6.37 e 10.16 — note o futuro nessas passagens), no tempo determinado por Deus, porquanto está escrito: "Apresentar-se-á voluntariamente o teu povo, no dia do teu poder" (Sl 110.3).

O que temos exposto neste capítulo não é produto do "pensamento moderno". É evidente que não, visto que o contradiz de maneira direta. Os homens das últimas gerações estão muito distantes dos ensinamentos de seus antepassados, os quais estavam solidamente alicerçados sobre as Escrituras. Lemos nos Trinta e Nove Artigos da Igreja Anglicana: "A condição do homem depois da queda de Adão é tal que não pode inclinar-se à fé e preparar-se para ela, mediante suas próprias forças e boas obras naturais, e nem mesmo ele pode invocar a Deus. Logo, não temos poder nenhum para praticar boas obras agradáveis e aceitáveis a Deus, sem a graça divina que, mediante Cristo, nos assiste previamente, para que tenhamos a disposição conveniente, e que opera em nós quando chegamos a ter essa boa disposição" (Artigo 10).

No Catecismo Maior de Westminster (que costumava ser reconhecido por todas as igrejas Presbiterianas), lemos: "O estado de pecaminosidade em que o homem caiu consiste na culpa do primeiro pecado de Adão, na ausência daquela retidão com a qual Adão foi criado e na corrupção da natureza do homem, mediante o que ele se tornou inteiramente indisposto, incapaz e oposto continuamente a tudo que é espiritualmente bom, e completamente inclinado para todo o mal" (resposta à pergunta 25).

Outro tanto se lê na Confissão de Fé dos Batistas da Filadélfia (1742): "O homem, por sua queda no estado de pecado, perdeu totalmente qualquer capacidade da vontade, no tocante a qualquer bem espiritual que acompanha a salvação. Por conseguinte, o homem natural, inteiramente hostil ao bem e morto no seu próprio pecado, não pode, por suas próprias forças, converter-se ou preparar-se para tanto" (Capítulo 9).

8
A Soberania de Deus e a Oração

Se pedirmos alguma cousa segundo a sua vontade, ele nos ouve. 1 João 5.14

Por todo este livro, nosso principal propósito tem sido exaltar o Criador e humilhar a criatura. A tendência quase universal hoje em dia é a de magnificar o homem e desonrar e degradar a Deus. A todo instante verifica-se que, quando os assuntos espirituais estão sendo debatidos, os homens insistem sobre o lado e o elemento humanos; e o lado divino, quando não é totalmente ignorado, é relegado a segundo plano. Isso se aplica a considerável parcela dos ensinamentos modernos concernentes à oração. Na grande maioria dos livros escritos e dos sermões pregados acerca da oração, o elemento humano domina o cenário quase completamente; fala-se das condições que nós devemos preencher, das promessas que nós devemos "reivindicar", das coisas que nós devemos fazer, para que os nossos pedidos sejam atendidos, mas as exigências de Deus, os direitos de Deus, a glória de Deus são frequentemente deixados de lado.

Como exemplo típico do que está sendo divulgado, hoje em dia, submetemos ao leitor um breve editorial (intitulado "Oração ou Fatalidade?") que apareceu recentemente em um importante semanário religioso.

Deus, em sua soberania, ordenou que os destinos dos homens possam ser modificados e moldados pela vontade do homem. Este é o âmago da verdade de que a oração muda as coisas, ou seja, que Deus muda as coisas quando os homens oram. Alguém expressou isso de maneira admirável, nos seguintes termos: "Há certas coisas que sucederão na vida de um homem, quer ele ore, quer não. Há outras coisas que acontecerão se ele orar e que não acontecerão se ele não orar". Um cristão ficou de tal modo impressionado com essas afirmações, que, ao entrar em um escritório comercial, orou que o Senhor lhe desse a oportunidade de falar sobre Cristo a alguém, tendo em vista que as condições seriam favoráveis devido à sua oração. Então, sua mente se ocupou com outras coisas e acabou esquecendo-se de sua oração. Teve a oportunidade de falar de Cristo ao negociante com o qual estava conversando, mas não aproveitou a ocasião, e somente quando saía é que lembrou-se da oração e da resposta divina. Ele prontamente voltou e começou a conversar com o negociante, o qual, apesar de ser membro de uma igreja evangélica, nunca havia sido inquirido se era salvo ou não. Dediquemo-nos à oração, abrindo assim o caminho para que Deus mude as coisas. Cuidado para que não sejamos virtualmente fatalistas, deixando de exercer, através da oração, as disposições que nos chegam da parte de Deus.

Essa citação ilustra o que hoje em dia se ensina sobre o tema da oração; e o mais deplorável é que dificilmente uma voz se levanta em protesto. Dizer que "os destinos dos homens podem ser mudados e moldados pela vontade do homem" é crassa heresia; não há outra maneira de descrever tal aberração. Se alguém contestar essa classificação, nós o desafiamos a descobrir qualquer descrente que não concorde com ela, e estamos certos de que nenhum será encontrado. Dizer que "Deus ordenou que os destinos dos homens podem ser mudados e moldados pela vontade do homem" é algo completamente falso. O destino humano é decidido, não pela "vontade do homem", e, sim, pela vontade de Deus. O que determina o destino do homem é se o homem nasceu de novo ou não, porquanto está escrito: "Se alguém não nascer de novo, não pode ver o reino de Deus" (Jo 3.3). E qualquer dúvida, se é a vontade de Deus ou a vontade do homem a responsável pelo novo nascimento, é esclarecida, de forma inequívoca, em João 1.13:

"Os quais não nasceram do sangue, nem da vontade da carne, nem da vontade do homem, mas de Deus". Dizer que o destino humano pode ser mudado pela vontade do homem é tornar suprema a vontade da criatura, o que virtualmente significa destronar a Deus. Mas, que dizem as Escrituras? Que elas respondam: "O SENHOR é o que tira a vida e a dá; faz descer à sepultura e faz subir. O SENHOR empobrece e enriquece; abaixa e também exalta. Levanta o pobre do pó e desde o monturo exalta o necessitado, para o fazer assentar entre os príncipes, para o fazer herdar o trono de glória" (1 Sm 2.6-8).

Voltando ao editorial citado anteriormente, lemos: "Este é o âmago da verdade de que a oração muda as coisas, ou seja, que Deus muda as coisas quando os homens oram". Em quase todos os lugares para onde se vai, hoje em dia, veem-se cartazes com a seguinte declaração: "A Oração Muda as Coisas". O significado que se quer emprestar a essas palavras vê-se com clareza na atual literatura sobre a oração — nós temos de persuadir Deus a mudar o seu propósito. Quanto a isso, adiante diremos mais alguma coisa.

Diz-nos ainda o editorial: "Alguém expressou isso de maneira admirável, nos seguintes termos: 'Há certas coisas que sucederão na vida de um homem, quer ele ore, quer não'". Que certas coisas sucedem, quer a pessoa ore, quer não, é diariamente exemplificado na vida dos não regenerados, e a maior parte deles nunca ora. Mas a afirmativa de que "Há outras coisas que acontecerão se ele orar" precisa ser definida. Se um crente orar com fé e pedir coisas que estão de acordo com a vontade de Deus, certamente obterá aquilo que pediu. Da mesma forma, que outras coisas acontecerão se ele orar também é verdade no que diz respeito aos benefícios resultantes da oração: Deus se tornará mais real para quem orar, e suas promessas tornar-se-ão mais preciosas. Que outras coisas "não acontecerão se ele não orar" é verdadeiro quanto à vida da própria pessoa — vida sem oração é uma vida desfrutada sem a comunhão com Deus e com tudo quanto está envolvido nessa falta de comunhão. Porém, afirmar que, se não orarmos, Deus não cumprirá o seu eterno propósito é incorrer em grande erro, porque o mesmo Deus que decretou os fins também decretou os meios pelos quais suas finalidades serão alcançadas; e um desses meios é a oração. Quando Deus determina conceder uma bênção, também outorga o espírito de súplica que lhe solicita essa mesma bênção.

O exemplo citado no editorial (o caso do obreiro e do negociante) é muito infeliz. Segundo os termos da ilustração, a oração do obreiro não foi respondida de modo algum, visto que, conforme parece, não foi aberto o caminho para este falar ao negociante acerca de sua alma. Entretanto, quando já deixava o escritório, ao lembrar-se da oração feita, o obreiro (talvez por motivo carnal) resolveu responder a oração por si mesmo e, ao invés de permitir que o Senhor lhe "abrisse a oportunidade", tomou o caso em suas próprias mãos.

Citamos agora um trecho de um dos últimos livros publicados sobre a oração, no qual o autor declara: "As possibilidades e a necessidade da oração, seu poder e seus resultados se manifestam no refrear e alterar os propósitos de Deus e no aliviar o impacto do seu poder". Uma afirmação tal como esta é uma horrível consideração sobre o caráter do Deus Altíssimo, o qual, "segundo a sua vontade... opera com o exército do céu e os moradores da terra; não há quem lhe possa deter a mão, nem lhe dizer: Que fazes?" (Dn 4.35). Não há a mínima necessidade de Deus modificar os seus desígnios ou alterar os seus propósitos, e isso por uma razão mais do que suficiente: foram elaborados sob a influência de perfeita bondade e de infalível sabedoria. Os homens podem ter motivos para alterarem os seus propósitos, porquanto, em sua pequena capacidade de ver as coisas, são incapazes de antecipar o que pode suceder depois de traçados os seus planos. Com Deus, entretanto, não é assim, pois ele conhece o fim desde o princípio. Afirmar que Deus altera os seus propósitos ou é impugnar a sua bondade, ou é negar a sua eterna sabedoria.

No mesmo livro, lemos ainda: "As orações dos santos de Deus são o patrimônio, no céu, por meio do qual Cristo leva adiante a sua grande obra sobre a terra. Os grandes espasmos e as poderosas convulsões que há na terra resultam dessas orações. O mundo é alterado, revolucionado; os anjos se movimentam com voos mais poderosos e mais rápidos; a política de Deus é moldada na medida em que as orações se tornam mais numerosas, mais eficientes". Se possível, esse trecho é ainda pior que o anterior, e não hesitamos em declarar que foi escrito em desafio ao ensino bíblico. Em primeiro lugar, nega diretamente Efésios 3.11, que se refere ao "eterno propósito" de Deus. Se o propósito de Deus é eterno, segue-se que sua "política" não está sendo "moldada" em nossos dias. Segundo, contradiz o trecho de Efésios 1.11, o qual declara expressamente que Deus "faz todas as cousas conforme o conselho da sua vontade". Segue-se, pois, que a "política de Deus" não está sendo "moldada" pelas orações dos homens. Terceiro, uma asserção como essa dá posição de supremacia à vontade da criatura humana, porque, se as nossas orações moldam a política de Deus, então o Altíssimo está subordinado aos vermes da terra. Com exatidão perguntou o Espírito Santo, através do apóstolo: "Quem, pois, conheceu a mente do Senhor? Ou quem foi o seu conselheiro?" (Rm 11.34).

Os pensamentos mencionados acima, sobre a oração, são frutos de conceitos mesquinhos e inadequados quanto à pessoa de Deus. Deve ser óbvio que pouco, ou nenhum consolo se pode alcançar em orar a um Deus que é como um camaleão, que muda diariamente de cor. Que encorajamento poderia haver em elevarmos diariamente o coração a um ser cuja atitude de ontem já não é a de hoje? Que vantagem haveria em mandarmos uma petição a um monarca terreno, se soubéssemos ser ele tão mutável, que atende petições em um dia, somente para revogá-las no dia seguinte? Não é a imutabilidade de Deus nosso maior encorajamento para orarmos? Visto que Deus não sofre "variação ou sombra de mudança" temos a certeza de que seremos ouvidos. Mui correta foi a observação de Lutero: "Orar não é vencer a relutância de Deus, mas é apropriar-se do beneplácito dele".

Isso nos leva a fazer algumas observações quanto ao desígnio da oração. Por que ordenou Deus que orássemos? A vasta maioria das pessoas responderia: a fim de obtermos de Deus as coisas que necessitamos. Mas, embora este seja um dos propósitos da oração, não é o principal, sob hipótese alguma. Além disso, esse ponto de vista considera a oração somente pela perspectiva humana, quando há tremenda necessidade de considerá-la pelo lado divino. Examinemos, portanto, algumas das razões por que Deus nos mandou que orássemos.

Em primeiro e máximo lugar, a oração foi instituída para que o próprio Senhor Deus seja honrado. Deus requer que reconheçamos que ele é, de fato, "o Alto, o Sublime, que habita a eternidade" (Is 57.15). Deus requer que reconheçamos o seu domínio universal. Quando Elias orou para que chovesse, reconheceu que Deus exerce controle sobre os elementos da natureza; ao orarmos que Deus liberte um miserável pecador da ira vindoura, reconhecemos que "ao SENHOR pertence a salvação!" (Jn 2.9); ao suplicarmos que ele abençoe a pregação do evangelho até aos confins da terra, declaramos que ele é quem rege o mundo inteiro.

Além disso, Deus requer que o adoremos. A oração, a verdadeira oração, é um ato de adoração. Assim é, pois a oração consiste em prostrar-se a alma perante ele; a oração é o invocar o grandioso e santo nome de Deus; a oração é o reconhecimento da bondade, do poder, da imutabilidade e da graça de Deus; também é o reconhecimento da soberania divina, confessada quando a nossa vontade se submete à ele. É de elevada significação notarmos, a esse respeito, que Cristo não chamou o templo de Jerusalém de Casa de Sacrifício, e sim de Casa de Oração.

Igualmente, a oração redunda na glória de Deus, pois, ao orarmos, reconhecemos que dependemos dele. Ao dirigirmos humildemente as nossas súplicas a Deus, nos entregamos ao seu poder e à sua misericórdia. Ao buscarmos bênçãos da parte de Deus, reconhecemos que ele é o autor e a fonte de toda boa dádiva e todo dom perfeito. Que a oração glorifica a Deus também se vê no fato que ela promove o exercício da fé. E nada, da nossa parte, honra e agrada tanto a Deus como a confiança que lhe votam os nossos corações.

Em segundo lugar, a oração foi designada por Deus a fim de ser uma bênção espiritual para nós, um meio para o nosso crescimento na graça. Quando procuramos entender o desígnio da oração, isso deve sempre nos impressionar, ao invés de considerarmos a oração como um mero instrumento pelo qual obtemos o suprimento de nossas necessidades. A oração foi planejada por Deus para nos humilhar. A oração autêntica consiste em chegarmos à presença de Deus, tendo consciência de sua sublime majestade, o que produz em nós o reconhecimento de nossa insignificância e indignidade. Também, a oração foi destinada por Deus para o exercício de nossa fé. A fé é gerada pela Palavra (Rm 10.17), mas é exercida quando oramos. Por isso é que lemos sobre a "oração da fé". Da mesma forma, a oração aciona o amor. No tocante ao hipócrita, indaga-se: "Deleitar-se-á o perverso no Todo-Poderoso e invocará a Deus em todo o tempo?" (Jó 27.10). Porém, os que amam o Senhor não podem ficar muito tempo longe dele, porque se deleitam em falar-lhe dos seus pesares. Além de despertar nosso amor, as respostas diretas, concedidas às nossas preces, incrementam nosso amor a Deus: "Amo o SENHOR, porque ele ouve a minha voz e as minhas súplicas" (Sl 116.1). E há mais: a oração foi designada por Deus para nos ensinar o valor das bênçãos que procuramos da parte dele, o que nos dá ainda maior regozijo, quando ele nos concede aquilo que pedimos.

Em terceiro lugar, a oração foi designada por Deus a fim de que procuremos, da parte dele, as coisas de que precisamos. Mas, pode surgir aqui uma dificuldade para quem leu cuidadosamente os primeiros capítulos deste livro. Se Deus predestinou tudo quanto acontece na história, desde antes da fundação do mundo, qual é a utilidade da oração? Se é verdade que "dele, e por meio dele, e para ele são todas as cousas" (Rm 11.36), então, por que orar? Antes de respondermos diretamente a essas perguntas, devemos salientar que há um justo motivo para a indagação: Qual é a utilidade de chegar-se alguém a Deus para dizer-lhe aquilo que ele já sabe? Para que eu lhe apresentaria a minha necessidade, se ele já tem conhecimento do que preciso? E também há motivos para a objeção: Qual é o valor da oração por alguma coisa, se tudo já foi predestinado por Deus? A oração não tem o propósito de dar informações a Deus, como se ele ignorasse as coisas. O salvador declarou expressamente: "Porque Deus, vosso Pai, sabe o de que tendes necessidade, antes que lho peçais" (Mt 6.8). A finalidade da oração é expressar a Deus nosso reconhecimento pelo fato que ele já sabe aquilo que necessitamos. A oração jamais se destinou a proporcionar a Deus o conhecimento daquilo que precisamos; antes, visa a ser o meio de lhe confessarmos nosso senso da necessidade que temos. Nisto, como em tudo o mais, os pensamentos de Deus não são os nossos pensamentos. Deus requer que as suas dádivas sejam buscadas. Seu desígnio é ser ele honrado através de nossas petições e ser ele o alvo de nossa gratidão, depois de haver concedido as bênçãos que buscávamos.

Entretanto, a pergunta ainda exige resposta: Se Deus predestinou tudo quanto sucede e regula todos os acontecimentos, não será a oração um exercício sem nenhum proveito? Uma resposta suficiente para essa pergunta é o fato que Deus nos manda orar: "Orai sem cessar" (1 Ts 5.17). E também temos "o dever de orar sempre e nunca esmorecer" (Lc 18.1). E mais ainda, as Escrituras declaram que "a oração da fé salvará o enfermo", e também: "Muito pode, por sua eficácia, a súplica do justo" (Tg 5.15,16). E o Senhor Jesus Cristo — nosso perfeito exemplo em todas as coisas — foi, preeminentemente, um homem de oração. É claro, pois, que a oração não é sem significado e poder. Mas isso ainda não remove a dificuldade nem responde à pergunta em foco. Qual é, pois, a relação entre a soberania divina e a prece feita por um crente?

Em primeiro lugar, diríamos enfaticamente que a oração não tem a finalidade de alterar os desígnios de Deus, nem de movê-lo a formular novos propósitos. Deus já decretou que certas coisas hão de suceder, mas também decretou que sucederão através dos meios que ele mesmo determinou para levá-las a efeito. Deus escolheu certas pessoas para a salvação, mas também decretou que sejam salvas através da pregação do evangelho. O evangelho, pois, é um dos meios determinados para a concretização do conselho eterno do Senhor. A oração é outro desses meios. Deus decretou os fins, mas igualmente os meios, e entre esses está a oração. Até as orações do seu povo fazem parte dos seus decretos eternos. Portanto, longe de serem vãs, as orações são instrumentos, entre outros, por meio dos quais Deus cumpre os seus decretos. "Se, na verdade, tudo sucede pelo cego acaso ou por necessidade fatal, não haveria qualquer eficácia moral nas orações, e nenhuma utilidade; mas, sendo reguladas pela orientação da sabedoria divina, as orações têm um lugar na ordem dos acontecimentos" (Haldane).

As Escrituras ensinam claramente que as orações em favor das coisas decretadas por Deus não são destituídas de significado. Elias sabia que Deus estava prestes a conceder chuva, mas isso não o impediu de dedicar-se à oração. Daniel entendeu, pelos escritos dos profetas, que o cativeiro não haveria de durar mais de setenta anos. Mas, quando esse período já chegava ao fim, a Bíblia relata que ele voltou o "rosto ao Senhor Deus, para o buscar com oração e súplicas, com jejum, pano de saco e cinza" (Dn 9.2,3). Deus disse ao profeta Jeremias: "Eu é que sei que pensamentos tenho a vosso respeito, diz o SENHOR, pensamentos de paz e não de mal, para vos dar o fim que desejais". Porém, ao invés de acrescentar que não havia nenhuma necessidade do profeta solicitar essas coisas, determinou-lhe: "Então me invocareis, passareis a orar a mim, e eu vos ouvirei" (Jr 29.11,12).

Lemos também, em Ezequiel 36, evidentes, positivas e incondicionais promessas feitas por Deus quanto à futura restauração de Israel. Todavia, o versículo 37 declara: "Assim diz o SENHOR Deus: Ainda nisto permitirei que seja eu solicitado pela casa de Israel, que lhe multiplique eu os homens como rebanho". Eis, pois, o desígnio da oração: não para que seja alterada a vontade do Senhor, mas, antes, para que seja ela cumprida, dentro do prazo e dos meios estabelecidos por ele. Visto que Deus prometeu certas coisas, podemos pedi-las com plena certeza de fé. Faz parte do propósito de Deus que sua vontade se realize através dos meios por ele determinados e que possa ele fazer o bem a seu povo, segundo as suas condições, a saber, pelos "meios" e "condições" da petição e da súplica. Porventura o Filho de Deus não sabia com certeza que depois de sua morte e ressurreição seria exaltado pelo Pai? Certamente o sabia. Contudo, ele pediu exatamente isso: "E agora, glorifica-me, ó Pai, contigo mesmo, com a glória que eu tive junto de ti, antes que houvesse mundo" (Jo 17.5)! Não sabia Cristo que nenhum dos seus poderia perecer? Mas, apesar disso, pediu ao Pai que os guardasse (Jo 17.11)!

Finalmente, deve-se dizer que a vontade de Deus é imutável, não podendo ser alterada por nossos clamores.

Quando a mente divina não se inclina a fazer o bem a determinado povo, a vontade dele não pode ser alterada através das mais fervorosas e importunas orações, até mesmo daqueles que desfrutam da maior comunhão com ele — "Disse-me, porém, o SENHOR: Ainda que Moisés e Samuel se pusessem diante de mim, meu coração não se inclinaria para este povo; lança-os de diante de mim, e saiam"

(Jr 15.1). A oração de Moisés para entrar na terra prometida é um caso semelhante.

Nossos pontos de vista sobre a oração carecem de revisão para se harmonizarem com os ensinos das Escrituras, quanto a esse aspecto. Parece que a ideia que atualmente prevalece é esta: apresento-me a Deus para pedir algo que quero e passo a ter a certeza de que ele me dará aquilo que lhe pedi.

Porém, essa é uma ideia que avilta e degrada a Deus. As crenças populares reduzem Deus à função de servo, nosso servo — cumprindo nossas ordens, executando nossa vontade, atendendo nossos desejos. Não! Orar é vir a Deus, contando-lhe a minha necessidade, entregando-lhe os meus caminhos, deixando-o agir conforme melhor lhe aprouver. Isto torna minha vontade sujeita à dele, ao invés de, como no caso anterior, procurar que a vontade dele se sujeite à minha. Nenhuma oração agradará a Deus se não for movida pelo espírito que diz: "Não se faça a minha vontade, e, sim, a tua" (Lc 22.42). "Quando Deus concede bênçãos àqueles que oram, não o faz por causa das orações deles, como se ele tivesse sido influenciado e mudado por elas; é por causa de si mesmo, por sua própria vontade e beneplácito soberanos. Se alguém perguntar: Qual, pois, é o propósito da oração?, a resposta deve ser: esse é o meio e o método que Deus ordenou para transmitir a seu povo as bênçãos de sua própria bondade. Porque, embora tenha determinado, provido e prometido as bênçãos, ele deseja que lhe sejam solicitadas; é nosso dever e privilégio pedi-las. Quando os crentes são abençoados com o espírito de súplica, isso prediz coisas boas, e parece provável que Deus tem em mira conceder essas boas coisas, as quais sempre devem ser pedidas com a atitude de submissão à vontade de Deus, dizendo-se: 'Não se faça a minha vontade, e, sim, a tua'" (John Gill).

A distinção que acaba de ser notada tem grande importância prática em relação à nossa paz de coração. Talvez nada há que deixe os crentes tão perplexos como o problema das orações não respondidas.

Eles pediram algo da parte de Deus; segundo a sua capacidade de discernir as coisas, acham que pediram com fé, crendo que receberiam aquilo que era alvo de suas súplicas ao Senhor; pediram com seriedade, por repetidas vezes, mas a resposta não veio. Em muitos casos, o resultado é que vai diminuindo a confiança na eficácia da oração, até que a esperança termina por ceder lugar ao desespero, quando, então, já não buscam mais o trono da graça. Não é assim que acontece?

Ora, os nossos leitores ficariam surpresos se disséssemos que cada oração confiante e verdadeira, apresentada a Deus já foi respondida? Sem hesitação o afirmamos. Porém, ao assim dizermos, precisamos voltar à nossa própria definição de oração. Repetiremos: Orar é vir perante Deus, contando-lhe a nossa necessidade (ou a necessidade de outrem), entregando-lhe os nossos caminhos, deixando-o agir conforme melhor lhe aprouver. Isso deixa nas mãos de Deus o responder à oração do modo que lhe agrade; e, por muitas vezes, sua resposta pode ser exatamente o oposto daquilo que seria mais aceitável à carne. Porém, se realmente tivermos deixado nas mãos de Deus a nossa necessidade, não deixará de haver resposta da parte dele. Examinemos dois exemplos.

Em João 11, lê-se acerca da enfermidade de Lázaro. O Senhor Jesus o amava, mas achava-se ausente de Betânia. As irmãs do enfermo mandaram um mensageiro ao Senhor, para informá-Lo sobre o estado de Lázaro. Notemos, especialmente, como formularam o apelo: "Senhor, está enfermo aquele a quem amas". Apenas isso. Não pediram que Jesus curasse a Lázaro. Não pediram que ele se apressasse a vir a Betânia. Simplesmente lhe apresentaram a sua necessidade, deixando o caso aos cuidados dele, permitindo que ele agisse conforme lhe parecesse melhor! Qual foi a resposta do Senhor? Respondeu-lhes o silencioso apelo? Com certeza ele o respondeu, embora talvez não do modo como esperavam. Sua resposta foi demorar-se "dois dias no lugar onde estava" (Jo 11.6), permitindo que Lázaro falecesse! O caso, porém, não parou aí. Mais tarde, Jesus foi a Betânia e ressuscitou a

Lázaro. Nossa finalidade, ao mencionarmos esse incidente, é ilustrar a atitude correta que o crente deve assumir perante Deus, na hora da necessidade. O próximo exemplo dará ênfase ao método de Deus para responder às necessidades de seus filhos.

Abra sua Bíblia em 2 Coríntios 12. Ao apóstolo Paulo fora conferido um privilégio inédito. Ele havia sido arrebatado ao paraíso. Os seus ouvidos ouviram e os seus olhos contemplaram o que nenhum outro ser humano já vira ou ouvira nesta vida. A maravilhosa revelação foi mais do que o apóstolo poderia suportar. O perigo era o de ensoberbecer-se pela extraordinária experiência. Por isso, foi-lhe posto um espinho na carne, mensageiro de Satanás, para esbofeteá-lo, a fim de que ele não se exaltasse. Então, Paulo deixou na presença do Senhor a sua necessidade; por três vezes rogou ao Senhor que afastasse dele o espinho na carne. Essa oração foi respondida? Sim, embora não segundo a maneira desejada por Paulo. O "espinho" não foi removido, mas ao apóstolo foi concedido graça para suportá-lo. O fardo não foi retirado, mas Paulo recebeu forças para carregá-lo.

Haverá quem objete que é nosso privilégio fazer algo mais do que meramente deixar nossa necessidade perante Deus? Haverá quem nos lembre que Deus, por assim dizer, nos deu um cheque em branco, convidando-nos a preenchê-lo? Haverá quem diga que as promessas divinas abrangem tudo e que podemos pedir ao Senhor o que quisermos? Nesse caso, também precisamos chamar atenção para o fato que é mister comparar a Escritura com a própria Escritura para que conheçamos a plena vontade de Deus em qualquer questão; e que, ao assim fazermos, descobriremos que Deus condicionou as suas promessas, ao dizer: "Se pedirmos alguma cousa segundo a sua vontade, ele nos ouve" (1 Jo 5.14). A verdadeira oração é a comunhão com Deus, de tal maneira que surgem pensamentos comuns à mente dele e à nossa. O que necessitamos é que ele nos encha o coração com os pensamentos dele; e então os desejos dele serão nossos, a fluir em direção a ele. Aqui, pois, está o ponto de encontro entre a soberania de Deus e a oração cristã: se pedirmos alguma coisa segundo a sua vontade, ele nos ouve; mas, se não lhe pedirmos assim, não nos ouve. E, conforme disse Tiago: "Pedis e não recebeis, porque pedis mal, para esbanjardes em vossos prazeres" (Tg 4.3).

Mas, não disse o Senhor Jesus a seus discípulos: "Em verdade, em verdade vos digo, se pedirdes alguma cousa ao Pai, ele vô-la concederá em meu nome" (Jo 16.23)? Sim, disse. Mas essa promessa não concede carta branca àqueles que oram. Essas palavras de nosso Senhor estão em perfeito acordo com as do apóstolo João: "Se pedirmos alguma cousa segundo a sua vontade, ele nos ouve". O que vem a ser pedir "em nome de Cristo"? Certamente é muito mais do que mera fórmula de oração, mais do que simplesmente concluir nossas súplicas com as palavras "em nome de Jesus". Solicitar algo de Deus, em nome de Cristo, quer dizer solicitar-lhe algo em harmonia com a natureza de Cristo! Pedir algo a Deus em nome de Cristo é como se o próprio Cristo estivesse formulando a petição. Só podemos pedir a Deus aquilo que Cristo pediria. Pedir em nome de Cristo, pois, significa deixar de lado nossa vontade própria, aceitando a vontade de Deus!

Ampliemos agora nossa definição de oração. O que é oração? Oração não é tanto um ato, mas uma atitude — atitude de dependência, dependência de Deus. Orar é uma confissão feita pela criatura, reconhecendo sua própria fraqueza, sua total incapacidade. Orar é reconhecer nossa necessidade e expô-la diante de Deus. Não estamos dizendo que isto é tudo que está envolvido na oração; não é. Apenas dizemos que esse é o elemento essencial e primário da oração. Reconhecemos, sem hesitação, que somos totalmente incapazes de dar uma definição completa da oração no espaço de uma breve frase ou até mesmo no âmbito de qualquer número de palavras. A oração é tanto uma atitude como um ato, um ato humano; todavia, há também o elemento divino, e é isso que impossibilita fazer uma análise exaustiva, o que, aliás, seria uma irreverente tentativa. Ainda que reconheçamos isso, voltamos a insistir em que a oração é, fundamentalmente, uma atitude de dependência de Deus. Por conseguinte, a oração é o oposto de imposição a Deus. Visto que a oração é uma atitude de dependência, aquele que realmente ora é submisso, submisso à vontade divina; e submissão à vontade divina quer dizer que ficamos satisfeitos quando o Senhor supre nossas necessidades de acordo com os ditames de seu soberano beneplácito. É por essa razão que dizemos que toda oração feita a Deus com esse espírito traz a certeza de receber resposta da parte dele.

Aqui, pois, encontramos resposta para nossa pergunta inicial, bem como a solução bíblica para a aparente dificuldade. A oração não consiste em insistir para que Deus altere seus propósitos. Orar é assumir uma atitude de dependência para com Deus, é expor-lhe a nossa necessidade, é pedir-lhe coisas que estejam em conformidade com a sua vontade; não há, pois, absolutamente nada que seja incoerente entre a soberania divina e a oração cristã.

Ao encerrar este capítulo, queremos proferir uma palavra de advertência, a fim de evitar que o leitor tire uma conclusão falsa daquilo que foi dito. Não temos procurado sumariar todo o ensino bíblico acerca desse assunto, nem temos procurado discutir, de modo geral, o problema da oração. Pelo contrário, temos confinado nossa atenção, mais ou menos, a uma consideração sobre o relacionamento entre a soberania de Deus e a oração cristã. O que escrevemos acima tenciona ser, principalmente, um protesto contra certos aspectos de ensinos modernos que ressaltam a tal ponto o elemento humano na oração, que o lado divino quase se perde inteiramente de vista.

Lemos, em Jeremias 10.23: "Eu sei, ó SENHOR, que não cabe ao homem determinar o seu caminho, nem ao que caminha o dirigir os seus passos" (compare Pv 16.9). O homem, entretanto, em muitas de suas orações, propõe-se, irreverentemente, a dirigir o Senhor quanto ao caminho que ele deve seguir, quanto àquilo que ele deve fazer, dando a entender até mesmo que, se o homem fosse o responsável pelos acontecimentos do mundo e da igreja, modificaria totalmente as coisas. Isso é algo inegável; porque qualquer pessoa dotada de um pouco de discernimento espiritual não deixaria de perceber tal atitude em muitas reuniões de oração onde impera a carne. Quão lentos somos todos nós em aprender a lição de que a criatura altiva precisa ser posta de joelhos, humilhada até ao pó. É exatamente nessa situação que o próprio ato da oração procura colocar-nos. Mas o homem, com sua usual perversidade, transforma o escabelo em trono, de onde procura dirigir o Deus Altíssimo quanto àquilo que ele deveria fazer! Isso deixa no espectador a impressão de que, se Deus tivesse a metade da compaixão daqueles que estão orando, logo tudo ficaria em ordem! Tal é a arrogância da velha natureza, até mesmo em um filho de Deus.

Nosso principal propósito, neste capítulo, é salientar a necessidade de submetermos nossa vontade à vontade de Deus, em nossas orações. Contudo, também se deve acrescentar que a oração é mais do que um exercício piedoso, sendo muito diferente da realização mecânica de um dever. A oração, na verdade, é um meio escolhido por Deus pelo qual podemos obter dele o que lhe pedimos, sob a condição de pedirmos coisas que estejam de acordo com a vontade dele. Estas páginas terão sido escritas em vão, se não levarem tanto seu autor como seus leitores a instarem com maior zelo do que antes: "Senhor, ensina-nos a orar" (Lc 11.1).

9
A Soberania de Deus e a Nossa Atitude

Sim, ó Pai, porque assim foi do teu agrado. Mateus 11.26

Neste capítulo consideraremos, de forma resumida, a aplicação prática, para nós mesmos, da grande verdade que temos meditado, em suas várias ramificações, nas páginas anteriores. No próximo capítulo trataremos, mais pormenorizadamente, do valor dessa doutrina; aqui, porém, gostaríamos de nos restringir a uma definição de qual deve ser a nossa atitude para com a soberania divina.

Cada verdade revelada na Palavra está ali não somente para nos informar, mas também para nos inspirar. A Bíblia não nos foi dada para satisfazer a nossa vã curiosidade, mas para edificar nossas almas. A soberania de Deus é algo mais do que um princípio abstrato, que explica a razão de ser do governo divino; visa suscitar o temor piedoso e nos foi revelada para promover o viver justo, sendo-nos desvendada a fim de trazer submisso o nosso coração rebelde. O verdadeiro reconhecimento da soberania de Deus humilha de um modo que nenhuma outra coisa o faz. Tal conhecimento nos leva o coração à tácita submissão diante de Deus, capacitando-nos a despojar-nos da própria vontade e a nos regozijarmos na apreensão e execução da vontade divina. Quando falamos da soberania de Deus, queremos dizer muito mais do que o exercício do poder governamental de Deus, ainda que isso, naturalmente, esteja incluso em tal expressão. Conforme citamos em um capítulo anterior, a soberania de Deus significa a divindade de Deus. O título deste livro, em seu sentido mais completo e profundo, significa o caráter e o ser daquele cujo beneplácito se realiza e cuja vontade é executada. Verdadeiramente, reconhecer a soberania de Deus é, portanto, contemplar o próprio Deus soberano. É comparecer à presença da augusta "Majestade nas alturas". É ter a visão do Deus três vezes santo, na excelência da sua glória. O efeito de tal visão se pode apreender daqueles trechos bíblicos que descrevem a experiência de várias pessoas que contemplaram o Senhor Deus.

Atente à experiência de Jó, aquele de quem o próprio Senhor disse: "Ninguém há na terra semelhante a ele, homem íntegro e reto, temente a Deus e que se desvia do mal" (Jó 1.8). No final do livro que recebeu o seu nome, vemos Jó diante de Deus. E como ele se conduziu, quando levado a contemplar o Senhor face a face? Ouça o que ele diz: "Eu te conhecia só de ouvir, mas agora os meus olhos te veem. Por isso me abomino e me arrependo no pó e na cinza" (Jó 42.5,6). Portanto, contemplar a Deus, Deus revelado em sua sublime majestade, levou Jó a abominar a si mesmo; e não somente isso, mas também a se humilhar perante o Onipotente.

Note a experiência de Isaías. No sexto capítulo de sua profecia, há a descrição de "uma cena quase sem igual". O profeta vê o Senhor em um "um alto e sublime trono". Por cima desse trono havia serafins, com os rostos cobertos, clamando: "Santo, santo, santo é o SENHOR dos Exércitos". Qual foi o efeito dessa visão sobre o profeta? Lemos: "Então disse eu: ai de mim! Estou perdido! Porque sou homem de lábios impuros, habito no meio dum povo de impuros lábios, e os meus olhos viram o Rei, o SENHOR dos Exércitos!" (Is 6.5). Ver o Rei divino humilhou Isaías até ao pó, levando-o a perceber sua própria insignificância.

E ainda, mais um exemplo. Considere o profeta Daniel. Perto do fim de sua vida, aquele homem de Deus viu o Senhor em manifestação teofânica. Apareceu a seu servo em forma humana, "vestido de linho" com "os ombros cingidos de ouro puro de Ufaz" — símbolos da santidade e da glória divina, respectivamente. Lemos que "seu corpo era como o berilo, o seu rosto, como um relâmpago, os seus olhos, como tochas de fogo, os seus braços e seus pés brilhavam como bronze polido, e a voz das suas palavras como o estrondo de muita gente" (Dn 10.5,6). Daniel, então, relata o efeito que essa visão produziu sobre ele mesmo, bem como sobre os que estavam em sua companhia: "Só eu, Daniel, tive aquela visão; os homens que estavam comigo nada viram, não obstante, caiu sobre eles grande temor, e fugiram e se esconderam. Fiquei, pois, eu só e contemplei esta grande visão, e não restou força em mim; o meu rosto mudou de cor e se desfigurou, e não retive força alguma. Contudo, ouvi a voz das suas palavras; e, ouvindo-a, caí sem sentido, rosto em terra" (Dn 10.7-9). Outra vez, pois, é mostrado que o contemplar o Deus soberano faz mirrar a energia da criatura humana, resultando na humilhação do homem até ao pó, perante seu Criador. Qual, portanto, deve ser a nossa atitude diante do Supremo Soberano? Respondemos:

1. Uma Atitude de Piedoso Temor

Por que, hoje em dia, a grande maioria das pessoas se despreocupa totalmente acerca das realidades espirituais e eternas, amando os prazeres, ao invés de amar a Deus? Por que, até mesmo nos campos de batalha, multidões se revelam tão indiferentes para com o bem--estar das suas almas? Por que o desafio contra o céu vai se tornando cada vez mais evidente, mais desenfreado, mais ousado? A resposta é: "Não há temor de Deus diante de seus olhos" (Rm 3.18). Outra coisa ainda, por que a ideia da autoridade das Escrituras tem sido tão deploravelmente rebaixada nestes últimos tempos? Por que mesmo entre aqueles que professam pertencer ao Senhor há tão pouca submissão à sua Palavra, sendo seus preceitos estimados como coisa insignificante e prontamente deixados de lado? Ah! o que precisa ser ressaltado hoje em dia é que Deus é Deus que deve ser temido.

"O temor do SENHOR é o princípio da sabedoria" (Pv 9.10). Bem-aventurada é a alma que atingiu um estado de piedoso temor, despertado pela contemplação da majestade divina. Feliz a alma que tem uma visão da sublime grandeza de Deus, da sua inefável santidade, da sua justiça perfeita, do seu poder irresistível, da sua graça soberana. Alguém poderia perguntar: "Somente os não salvos, os que estão sem Cristo, é que precisam temer a Deus?" Nesse caso, a resposta adequada é que os salvos, os que se acham em Cristo, é que são admoestados a desenvolver a própria salvação com "temor e tremor". Houve época na qual descrever o crente como um "homem temente a Deus" era um costume generalizado; e, se esse costume se tornou quase extinto, isso serve apenas para mostrar até onde nos temos deixado levar. Mesmo assim, as Escrituras continuam afirmando: "Como um pai se compadece de seus filhos, assim o SENHOR se compadece dos que o temem" (Sl 103.13)!

Quando falamos de piedoso temor, não queremos sugerir o tipo de medo servil que prevalece entre os pagãos em relação a seus deuses. Não; estamos falando daquela atitude que o Senhor se comprometeu a abençoar, falamos daquele espírito descrito pelo profeta: "Mas o homem para quem olharei é este: o aflito e abatido de espírito e que treme da minha palavra" (Is 66.2). É isso que o apóstolo tinha em mente, quando escreveu: "Tratai a todos com honra, amai aos irmãos, temei a Deus, honrai ao rei" (1 Pe 2.17). E, para desenvolver esse santo temor, nada melhor do que o reconhecimento da soberana majestade de Deus.

Qual deve ser nossa atitude diante da soberania divina? Uma vez mais respondemos:

2. Uma Atitude de Obediência Implícita

Uma visão da pessoa de Deus nos permite reconhecer nossa pequenez e insignificância, e redunda no senso de dependência de

Deus, e de rendição de nossa pessoa às suas mãos. Ou, em outras palavras, uma visão da majestade divina promove um espírito de piedoso temor, o que, por sua vez, produz uma vida diária calcada na obediência. Esse, pois, é o antídoto divino contra a maldade ingênita de nossos corações. Por natureza, o homem está cheio do senso de sua própria importância, grandeza e autossuficiência; em resumo, de orgulho e rebeldia. Mas, como já dissemos, o grande corretivo consiste em contemplarmos o Deus Onipotente, porque somente essa visão poderá, realmente, humilhar o homem. O homem tem de se gloriar em si próprio, ou em Deus. O homem tem de viver ou para servir e agradar a si mesmo, ou para servir e agradar ao Senhor. Ninguém pode servir a dois senhores.

A irreverência gera a desobediência. Disse o altivo monarca do Egito: "Quem é o SENHOR para que lhe ouça eu a voz, e deixe ir a Israel? Não conheço o SENHOR, nem tampouco deixarei ir a Israel" (Êx 5.2). No conceito de Faraó, o Deus dos hebreus era apenas um deus a mais, um entre muitos, uma entidade destituída de poder, que não precisava ser temido ou servido. Ele logo descobriu quão redondamente estava enganado e logo descobriu quão amargamente teve de pagar por esse erro. Mas, o que estamos querendo ressaltar aqui é que o rebelde espírito de Faraó era fruto da irreverência, e essa irreverência era fruto de sua ignorância quanto à majestade e à autoridade de Deus.

Ora, se a irreverência gera a desobediência, então a reverência autêntica terá de produzir e promover a obediência.

Reconhecer que as Sagradas Escrituras são uma revelação outorgada pelo Deus Altíssimo, transmitindo-nos o propósito e definindo a vontade dele, é o passo inicial para se atingir a piedade prática. Reconhecer que a Bíblia é a Palavra de Deus e que seus preceitos são mandamentos do Altíssimo levar-nos-á a perceber que coisa terrível é desprezá-los e desconsiderá-los. Receber a Bíblia tal como nos foi dada pelo próprio Criador, endereçada à nossa alma, nos levará a exclamar juntamente com o salmista: "Inclina-me o coração aos teus testemunhos... Firma os meus passos na tua palavra" (Sl 119.36,133). Uma vez visualizada a soberania do Autor da Palavra, não é mais a questão de meramente selecionar dentre os preceitos e estatutos da Palavra, escolhendo aqueles que recebem a nossa aprovação pessoal; mas, sim, perceber que à criatura convém nada menos que a submissão incondicional, submissão de todo o coração.

Qual deve ser a nossa atitude ante a soberania divina? Respondemos ainda:

3. Uma Atitude de Total Resignação

Um autêntico reconhecimento da soberania de Deus excluirá toda a murmuração. Isso deveria ser óbvio; contudo, tal pensamento merece ser considerado mais demoradamente aqui. É natural nos queixarmos de aflições e perdas. É natural que nos lamentemos, ao sermos privados de coisas às quais nos temos apegado. Somos propensos a considerar que nossos bens nos pertencem incondicionalmente. Sentimos que, uma vez levados adiante os nossos planos, com prudência e diligência, temos direito ao sucesso; que, se acumularmos um patrimônio, através de árduos trabalhos, merecemos conservá-lo e desfrutá-lo; que, se temos ao nosso redor uma família feliz, nenhum poder tem o direito de penetrar esse círculo encantado e abater a um ente querido. E se, em qualquer desses casos, a decepção, a falência ou a morte sobrevierem, então o instinto perverso do coração humano é clamar contra Deus. Porém, a pessoa que, pela graça divina, chegou a reconhecer a soberania do Senhor deixa de murmurar e, pelo contrário, curva-se perante a vontade divina, reconhecendo que Deus não a afligiu tão gravemente quanto ela merece.

O verdadeiro reconhecimento da soberania de Deus admitirá o perfeito direito que Deus tem de fazer conosco o que ele bem quiser. Quem se curva perante o beneplácito do Deus onipotente reconhece que ele tem o direito absoluto de fazer conosco conforme bem lhe parecer. Se Deus resolve enviar a pobreza, a enfermidade, o luto, então, até mesmo quando o coração está sangrando por todos os poros, ainda assim tal pessoa dirá: "Não fará justiça o Juiz de toda a terra?" Frequentemente há luta, porque a mente carnal permanece no crente até o fim de sua peregrinação na terra. Mas, embora lhe haja um conflito no peito, aquele que realmente aceitou essa bendita verdade logo passará a ouvir aquela Voz falando, como no passado falou às turbulentas águas do lago de Genesaré: "Acalma-te, emudece!" E a tempestade que ruge em seu interior se aquietará, e a alma submissa elevará aos céus os olhos, lacrimosos mas confiantes, e dirá: "Seja feita a tua vontade".

Um notável exemplo de uma alma que se curva ante a soberana vontade de Deus é o que se acha na história de Eli, o sumo sacerdote de Israel. Lemos, em 1 Samuel 3, como foi revelado ao menino Samuel que o Senhor estava para matar os dois filhos de Eli, por serem eles perversos; e, no dia seguinte, Samuel transmitiu essa mensagem ao idoso sumo sacerdote. É difícil imaginar notícia mais chocante para o coração de um pai piedoso. O anúncio de que um filho será repentinamente ferido pela morte é grande provação para qualquer pai, em quaisquer circunstâncias; mas saber que ambos os filhos, na flor da idade, mas completamente despreparados para a morte, seriam ceifados pelo julgamento divino deve ter sido algo esmagador. Qual foi o efeito sobre Eli, quando soube, por meio de Samuel, as trágicas notícias? Que respondeu ele, quando ouviu a terrível proclamação? Disse: "É o SENHOR; faça o que bem lhe aprouver" (1 Sm 3.18). Nenhuma outra palavra houve de sua parte. Maravilhosa submissão! Sublime resignação! Belo exemplo do poder da graça divina em controlar as mais fortes emoções do coração humano e em subjugar a vontade rebelde, levando-a a uma serena submissão ante o beneplácito soberano do Senhor.

Um outro exemplo, igualmente notável, pode ser visto na vida de Jó. Como bem o sabemos, Jó era íntegro, reto e desviava-se do mal.

Se já houve alguém que, segundo se poderia razoavelmente esperar, humanamente falando, mereceria que a providência divina lhe sorrise, esse alguém foi Jó. Como, entretanto, mudou-se a sua situação? Por algum tempo, a sorte lhe caiu em lugares amenos. O Senhor encheu sua aljava, concedendo-lhe sete filhos e três filhas. Prosperou em seus negócios, chegando a ter grandes posses. De súbito, porém, o sol da vida se ocultou por detrás de espessas nuvens. Em um só dia, Jó perdeu não somente os rebanhos e as manadas, mas também seus filhos e filhas. Chegaram notícias de que seu gado fora levado por bandos de assaltantes e que seus filhos tinham sido mortos por um ciclone. Como recebeu ele tais notícias? Ouça suas sublimes palavras: "O SENHOR o deu, e o SENHOR o tomou; bendito seja o nome do SENHOR!" Curvou-se diante da soberana vontade do Senhor. Descobriu, por detrás de suas aflições, a causa primeira. Olhou para além dos sabeus, que lhe tinham roubado o gado, e para além dos vendavais, que lhe tinham destruído os filhos, e viu a mão de Deus. Mas Jó não somente reconheceu a soberania de Deus, como também se regozijou nela. Às palavras "O SENHOR o deu, e o SENHOR o tomou" ele acrescentou ainda, "Bendito seja o nome do SENHOR!" (Jó 1.21). Outra vez exclamamos: Doce submissão! Maravilhosa resignação!

O verdadeiro reconhecimento da soberania de Deus leva-nos a submeter todos os nossos planos à vontade dele. Este escritor está bem lembrado de um fato ocorrido na Inglaterra, no começo deste século. Morrera a rainha Vitória e a coroação de seu filho mais velho, Eduardo, fora marcada para abril de 1902. Em todas as proclamações foram omitidas duas pequenas letras, D.V., Deo Volente — se Deus quiser. Os planos foram traçados e se completaram todos os preparativos para as imponentes celebrações, condizentes com tão grandiosa ocasião. Reis e imperadores de todas as partes do mundo tinham recebido convite para participarem da cerimônia real. As proclamações do príncipe foram impressas e publicadas, mas, até onde este escritor está informado, as letras D.V. não figuraram em nenhuma dessas publicações.

Um programa deveras imponente fora elaborado, e o filho mais velho da falecida rainha estava para ser coroado como Eduardo VII, na Abadia de Westminster, em certa hora do dia marcado. Foi então que Deus interveio, e os planos dos homens foram todos frustrados. Uma voz serena e tranquila se fez ouvir, dizendo: "Vocês não Me levaram em consideração!" O príncipe Eduardo foi atacado de apendicite, e a coroação teve de ser adiada por vários meses!

Como dissemos anteriormente, o verdadeiro reconhecimento da soberania de Deus leva-nos a submeter todos os nossos planos à vontade divina; leva-nos a reconhecer que o divino Oleiro tem absoluto poder sobre o barro, moldando-o segundo seu real prazer. Também leva-nos a dar atenção àquela admoestação que em nossos dias, infelizmente, tem sido desrespeitada: "Atendei agora, vós que dizeis: Hoje ou amanhã, iremos para a cidade tal, e lá passaremos um ano, e negociaremos, e teremos lucros. Vós não sabeis o que sucederá amanhã. Que é a vossa vida? Sois apenas como neblina que aparece por instante e logo se dissipa. Em vez disso, devíeis dizer: Se o Senhor quiser, não só viveremos, como faremos isto ou aquilo" (Tg 4.13-15). Sim, é à vontade do Senhor que nos devemos curvar. Ele é quem pode dizer onde eu habitarei — seja neste ou naquele lugar (At 17.26). Ele é quem pode determinar sob quais circunstâncias eu viverei — se na riqueza ou na pobreza, se com saúde ou com um corpo enfermo. Ele é quem pode dizer quanto tempo viverei — se serei ceifado na juventude, como a flor do campo, ou se continuarei até os setenta anos ou mais. Aprender realmente essa lição é, pela graça divina, atingir um grau adiantado na escola de Deus; e, mesmo quando pensamos que a temos aprendido, descobrimos, por muitas e muitas vezes, que temos de aprendê-la de novo.

4. Uma Atitude de Profunda Gratidão e Alegria

Quando o coração aprende essa sublime e bendita verdade da soberania de Deus, o resultado é bem diferente de uma submissão involuntária àquilo que é inevitável. A filosofia deste mundo é "levar vantagem em tudo". Mas a situação deve ser bem diferente no caso dos crentes. Não somente devemos permitir que o reconhecimento da soberania de Deus desperte em nós um temor santo, uma obediência implícita e uma resignação total, mas também devemos chegar a dizer, juntamente com o salmista: "Bendize, ó minha alma, ao SENHOR, e tudo o que há em mim bendiga ao seu santo nome" (Sl 103.1). É verdade o que disse o apóstolo: "Dando sempre graças por tudo a nosso Deus e Pai, em nome de nosso Senhor Jesus Cristo" (Ef 5.20). Ah! mas é nessa altura que o estado da nossa alma é frequentemente submetido a prova. Infelizmente, há demasiada vontade própria em cada um de nós. Quando tudo corre segundo os nossos desejos, parecemos demonstrar profunda gratidão a Deus; mas o que dizer daquelas ocasiões em que as coisas se passam de maneira contrária aos nossos planos e desejos?

Tomamos por certo que, se o verdadeiro cristão faz uma viagem de trem, ao chegar ao seu destino, dá, piedosamente, graças a Deus; isso naturalmente testifica que Deus controla todas as coisas. Se não fosse assim, deveríamos agradecer ao maquinista, ao foguista, aos sinaleiros e a outros funcionários. Ou então, se lidamos com negócios, no fim de uma boa semana, exprimimos nossa gratidão ao doador de toda a boa dádiva (temporal) e de todo o dom perfeito (espiritual); uma vez mais, isso atesta que é Deus quem dirige todos os fregueses a entrarem na loja. Até aqui, tudo muito bem. Exemplos como esses não envolvem dificuldades. Mas, imaginemos a situação oposta. Suponhamos que meu trem fosse forçado a atrasar a viagem por várias horas ou que se chocasse contra outro trem, causando-me ferimentos! Ou então suponhamos que eu tivesse uma péssima semana de negócios, ou que a minha loja fosse atingida por um raio que lhe ateasse fogo, ou que ladrões tivessem penetrado ali e saqueado as mercadorias. Qual seria minha atitude? Perceberia eu a mão de Deus até mesmo nessas coisas?

Voltemos ao caso de Jó. Quando um desastre após outro se precipitaram sobre ele, o que ele fez? Lamentou a sua "má sorte"? Amaldiçoou os bandidos? Murmurou contra Deus? Não; curvou-se perante Deus, em adoração. Ah! caro leitor, não há verdadeiro descanso para o seu pobre coração enquanto você não aprender a perceber a mão de Deus em tudo. Para tanto, porém, é mister o constante exercício da fé. O que é fé? Será uma credulidade cega? Ou uma aquiescência fatalista? Não; não é isso. A fé é um descansar sobre a firme palavra do Deus vivo; e, por isso está escrito: "Sabemos que todas as cousas cooperam para o bem daqueles que amam a Deus, daqueles que são chamados segundo o seu propósito" (Rm 8.28). Por essa razão, pois, a fé dará sempre graças a Deus por tudo. A fé operante sabe alegrar-se "sempre no Senhor" (Fp 4.4).

Passamos agora a observar como esse reconhecimento da soberania de Deus, expresso em santo temor, em obediência 'implícita, em resignação total e em profunda gratidão e alegria foi exemplificado, suprema e perfeitamente, pelo Senhor Jesus Cristo. Em todas as coisas o Senhor Jesus nos deu exemplo, para que seguíssemos os seus passos. Mas será esse o caso em relação à primeira observação mencionada? As palavras "santo temor" sempre se vinculam ao incomparável nome de Deus? Lembrando-nos de que "santo temor" não significa um terror servil, e, sim, sujeição e reverência filiais; tendo também em mente que "o temor do SENHOR é o princípio da sabedoria", seria um tanto estranho se nenhuma alusão fosse feita ao "santo temor" em relação àquele que era a sabedoria em pessoa! Quão maravilhosa e preciosa é a palavra em Hebreus 5.7: "Ele, Jesus, nos dias da sua carne, tendo oferecido, com forte clamor e lágrimas, orações e súplicas a quem o podia livrar da morte e tendo sido ouvido por causa da sua piedade [ou santo temor]..." Não foi outra coisa senão o "santo temor" que levou Jesus a sujeitar-se a Maria e José, quando menino. Porventura não foi o "santo temor" — sujeição e reverência filiais a Deus — que foi demonstrado, quando lemos: "Indo para Nazaré, onde fora criado, entrou, num sábado, na sinagoga, segundo o seu costume, e levantou-se para ler" (Lc 4.16)? Certamente foi o "santo temor" que impulsionou o Filho a dizer, quando Satanás O quis tentar a prostrar-se perante ele, em adoração: "Está escrito: Ao Senhor, teu Deus, adorarás e só a ele darás culto" (Mt 4.10). Não foi o "santo temor" que levou Jesus a dizer ao leproso curado: "Vai mostrar-te ao sacerdote e fazer a oferta que Moisés ordenou, para servir de testemunho ao povo" (Mt 8.4)? Precisaríamos continuar multiplicando as ilustrações?'

Quão perfeita foi a obediência que o Senhor Jesus ofereceu a Deus Pai! E, ao meditarmos sobre isso, não percamos de vista aquela maravilhosa graça pela qual ele, que subsistia em forma de Deus, chegou a humilhar-se a si mesmo ao ponto de assumir a forma de servo, colocando-se assim numa posição em que a obediência era a atitude certa. Na qualidade de servo perfeito, Cristo prestou absoluta obediência ao Pai. As palavras "tornando-se obediente até à morte, e morte de cruz" (Fp 2.8) ensinam-nos quão absoluta e total foi a obediência dele. Que essa obediência foi cônscia e inteligente se vê claramente na própria linguagem de Jesus: "Por isso o Pai me ama, porque eu dou a minha vida para a reassumir. Ninguém a tira de mim; pelo contrário, eu espontaneamente a dou. Tenho autoridade para a entregar e também para reavê-la. Este mandato recebi de meu Pai" (Jo 10.17,18).

E que diremos da total resignação do Filho à vontade do Pai, senão que havia entre eles um acordo total e ímpar? Cristo disse: "Porque eu desci do céu, não para fazer a minha própria vontade, e, sim, a vontade daquele que me enviou" (Jo 6.38). Todos aqueles que lhe acompanharam os passos, conforme o registro das Escrituras, sabem quão perfeitamente ele consubstanciou essa afirmativa. Ei-lo no Getsêmani! O "cálice" amargo, na mão do Pai, é apresentado à sua vista. Note bem a atitude de Cristo. Aprenda daquele que era manso e humilde de coração. Lembre-se que ali, no jardim, vemos o Verbo que se fez carne — um homem perfeito. Cada nervo do seu corpo tremia ante a expectativa dos sofrimentos físicos que o aguardavam; sua natureza santa e sensível se retraiu ante as horrendas ofensas que seriam lançadas contra ele; seu coração como que se partiu diante da terrível "ignomínia" que viria em breve; seu espírito se conturbou ao prever o terrível conflito contra os poderes das trevas. E, acima de tudo, sua alma se encheu de horror ante o pensamento de que seria separado do próprio Pai. Assim, naquele local, ele rendeu sua alma diante do Pai, e, com forte clamor e lágrimas, derramou grandes gotas de sangue. Observe agora e escute. Silencie as batidas de seu coração a fim de ouvir melhor as palavras que saem daqueles benditos lábios: "Pai, se queres, passa de mim este cálice; contudo, não se faça a minha vontade, e, sim, a tua" (Lc 22.42). Eis aqui a submissão personificada. Eis a resignação ao beneplácito do Deus soberano exemplificada de maneira suprema. Jesus nos deixou exemplo, a fim de que sigamos os seus passos. Ele, que é Deus, Se fez homem e foi tentado em todas as coisas, tal como nós — excetuando-se o pecado — para nos mostrar como devemos viver com a nossa natureza de criaturas! Perguntamos anteriormente: Que diremos da absoluta resignação de Cristo à vontade do Pai? Respondemos que, do mesmo modo como em tudo o mais, Cristo foi único, ímpar. Em todas as coisas ele tem a preeminência. Não havia, no Senhor Jesus, qualquer vontade rebelde a ser quebrantada. Em seu coração, nada havia a ser subjugado. Não foi por esse motivo que ele disse, na linguagem profética: "Mas eu sou verme, e não homem" (Sl 22.6)? Um verme não tem qualquer poder de resistência! Foi porque não havia qualquer resistência em sua pessoa que ele foi capaz de dizer: "A minha comida consiste em fazer a vontade daquele que me enviou" (Jo 4.34). Sim, foi por estar em perfeito acordo com o Pai, em todas as coisas, que Cristo disse: "Agrada-me fazer a tua vontade, ó Deus meu; dentro em meu coração está a tua lei" (Sl 40.8). Note a última cláusula e admire a inigualável excelência de Cristo. Deus precisa imprimir as suas leis em nossas mentes e tem de inscrevê-la em nossos corações (Hb 8.10). Mas a lei divina já estava no coração de Cristo!

Em Mateus 11, achamos uma bela e marcante ilustração sobre a gratidão e a alegria de Cristo. Primeiro, vemos ali a debilidade da fé do precursor de Jesus (vv. 2,3). Segundo, ficamos sabendo da insatisfação do povo, que não se satisfez com a jubilosa mensagem de Cristo, nem com a solene advertência de João Batista (vv. 16-20). Terceiro, vemos a falta de arrependimento daquelas cidades favorecidas, nas quais o Senhor operara os seus mais numerosos milagres (vv. 21-24). Então lemos: "Por aquele tempo, exclamou Jesus: Graças te dou, ó Pai, Senhor do céu e da terra, porque ocultaste estas cousas aos sábios e entendidos e as revelaste aos pequeninos" (v. 25)! Note que a passagem paralela, em Lucas 10, começa com a declaração: "Naquela hora, exultou Jesus no Espírito Santo e exclamou: Graças te dou..." (v. 21) Ah! isso foi submissão na sua mais pura forma. Vemos aquele por intermédio de quem foram criados os mundos, mas que, no entanto, nos dias de sua humilhação e em face de sua rejeição, curvou-Se com gratidão e com alegria perante a vontade do "Senhor do céu e da terra".

Qual deve ser a nossa atitude diante da soberania de Deus? Respondemos, finalmente:

5. Uma Atitude de Adoração e Culto

Tem-se dito, com grande exatidão, que "a verdadeira adoração se fundamenta no reconhecimento da GRANDEZA de Deus, e essa grandeza se vê de maneira suprema na soberania divina, e os homens não podem, realmente, prestar culto postados em qualquer outro escabelo" (J.B.Moody). Na presença do Rei divino, assentado em seu trono, até os próprios serafins cobrem o rosto.

A soberania divina não é a soberania de qualquer déspota tirano, mas é a manifestação do beneplácito daquele que é infinitamente sábio e bom! Por ser infinitamente sábio, Deus não pode errar, e, por ser infinitamente justo, ele não fará qualquer injustiça. Aqui, pois, se acha a preciosidade dessa verdade. O fato em si de que a vontade de Deus é irresistível e irreversível enche-me de temor; mas, tão logo reconheço que Deus só determina aquilo que é bom, meu coração se regozija.

Aqui, pois, está a resposta final à pergunta do presente capítulo — qual deve ser a nossa atitude diante da soberania de Deus? A atitude mais apropriada que devemos assumir é a de piedoso temor, de obediência implícita, de inteira resignação e submissão sem reservas. E não somente isso, pois o reconhecimento da soberania de Deus e a compreensão de que o próprio soberano é meu Pai devem dominar-me o coração e levar-me a que me curve perante ele, em adoração. A cada momento devo dizer: "Sim, ó Pai, porque assim foi do teu agrado". Concluímos com um exemplo que ilustra perfeitamente bem o que queremos dizer.

Há cerca de duzentos anos, a piedosa Madame Guyon, depois de passar dez anos em uma masmorra, bem abaixo da superfície, iluminada apenas por uma vela nos momentos das refeições, escreveu as seguintes palavras:

Deus É Soberano

Um passarinho sou,
Tirado das campinas;
Mas na gaiola eu pouso e canto
Quem me deu esta sina;
Sou prisioneira alegre, e quanto!
Porque, meu Deus, isso te apraz.

Que mais posso eu fazer?
Eu canto sem cessar;
E aquele a
Quem o amor eu dou,
Certo, ouve o meu cantar;
As minhas asas ele as atou,
Porém, se inclina a ouvir-me a voz.

Esta prisão me cerca;
Não voo na amplidão;
Com meu voar assim tolhido,
É livre o meu coração.
Na prisão não é impedido
O livre voo de minha alma.

Ah! é bom alçar-me
A Deus, além destas cadeias.
Adoro todo o teu desígnio,
E amo, Senhor, tua providência.
Em tua vontade, Deus, diviso
Minha alegria e liberdade!

10
O Valor desta Doutrina

Toda Escritura é inspirada por Deus e útil para o ensino, para a repreensão, para a correção, para a educação na justiça, a fim de que o homem de Deus seja perfeito e perfeitamente habilitado para toda boa obra. 2 Timóteo 3.16,17

É pela doutrina, ou ensino, que nos são reveladas as grandes realidades a respeito de Deus, de nosso relacionamento com ele, de Cristo, do Espírito, da salvação, da graça e da glória. É pela doutrina (mediante o poder do Espírito) que os crentes são alimentados e edificados; e, quando há negligência na doutrina, forçosamente cessam o crescimento na graça e o testemunho eficaz. Como é triste, portanto, constatar que a doutrina atualmente está sendo depreciada como algo sem valor para a vida prática, quando, de fato, a doutrina é a própria base da vida prática. Há uma inseparável conexão entre o crer e a prática — "Como imagina em sua alma, assim ele é" (Pv 23.7). A relação entre a verdade divina e o caráter cristão é de causa e efeito — "E conhecereis a verdade, e a verdade vos libertará" (Jo 8.32). Ficamos livres da ignorância, dos preconceitos, do engano, das artimanhas de Satanás e do poder do mal; mas, se a verdade não é "conhecida", então essa liberdade não existe na prática. Observe a ordem na passagem com que iniciamos esse capítulo. Toda Escritura é útil, primeiro para o "ensino"! A mesma ordem é observada em todas as epístolas, especialmente nos grandes tratados doutrinários do apóstolo Paulo. Lendo a epístola aos Romanos, podemos perceber que não há uma única admoestação nos primeiros cinco capítulos. Na epístola aos Efésios, não há qualquer exortação antes do quarto capítulo. A ordem de apresentação é: primeiro, a exposição de doutrinas; depois, admoestação ou exortação para que o ensino seja aplicado na vida diária.

A substituição da exposição doutrinária pela "pregação prática", que atualmente lhe toma o lugar, é a causa fundamental de muitas das graves enfermidades que afligem a igreja de Deus. A razão por que há tão pouca profundidade, tão pouco entendimento, tão pouca apreensão das verdades fundamentais do cristianismo é que poucos crentes têm se firmado na fé, por não ouvirem a exposição das doutrinas da graça ou por não estudarem, pessoalmente, essas verdades bíblicas. Enquanto a alma não está firmada na doutrina da divina inspiração das Escrituras — sua inspiração plenária e verbal — não pode haver qualquer alicerce sólido em que fundamentar-se. Enquanto a alma ignora a doutrina da justificação, não pode haver qualquer segurança real e inteligente de sua aceitação no Amado. Enquanto a alma desconhece o ensino da Palavra a respeito da santificação, estará aberta para acolher todos os erros do perfeccionismo e outros ensinamentos errados. Assim poderíamos continuar, através de todas as doutrinas cristãs. É o ignorar a doutrina que tem tornado a igreja incompetente para fazer frente à crescente maré de infidelidade. O ignorar a doutrina é, em grande medida, o responsável pelo fato de milhares de cristãos professos serem cativados pelos numerosos "ismos" dos nossos dias. Ter chegado a hora em que, em sua grande maioria, nossas igrejas "não suportarão a sã doutrina" (2 Tm 4.3) é razão por que elas estão se dispondo a acolherem doutrinas falsas. Naturalmente, é verdade que a doutrina, como todas as demais coisas que há nas Escrituras, pode ser estudada do ponto de vista meramente intelectual e frio; e que, quando assim examinados, o ensino e o estudo da doutrina não tocam o coração; e isso, naturalmente, será algo "enfadonho" e destituído de proveito.

No entanto, a doutrina devidamente acolhida, a doutrina estudada com um coração preparado, levará sempre a um mais profundo conhecimento de Deus e das insondáveis riquezas de Cristo.

A doutrina da soberania de Deus, portanto, não é um mero dogma de cunho metafísico, desprovido de valor prático; é uma doutrina que forçosamente produzirá um poderoso efeito sobre o caráter cristão e sobre a vida diária. A doutrina da soberania de Deus é fundamental na teologia cristã, não cedendo lugar a qualquer outra, senão possivelmente à doutrina da divina inspiração das Escrituras. Ela é o centro de gravidade no sistema da verdade cristã; o sol ao redor do qual se agrupam os astros menores; o fio no qual as demais doutrinas são enfileiradas tal como um colar de pérolas, mantendo-as no devido lugar e dando-lhes a unidade. É o prumo pelo qual cada credo precisa ser testado; é a balança na qual cada dogma humano deve ser pesado. Está destinada a ser a principal âncora de nossa alma, em meio às tempestades da vida. A doutrina da soberania de Deus é um tônico divino a refrigerar-nos o espírito. Foi proposta e adaptada a fim de moldar as afeições do coração e dar orientação certa à conduta. Cria gratidão na prosperidade e paciência na adversidade. Oferece consolação no presente e senso de segurança quanto ao futuro desconhecido. Ela é e faz tudo o que dissemos e mais ainda, porque atribui a Deus — Pai, Filho e Espírito Santo — a glória que lhe é devida, colocando a criatura no correto lugar diante dele — no pó.

Consideremos com detalhes o valor dessa doutrina.

1. Aprofunda Nossa Admiração Pelo Caráter Divino

A doutrina da soberania de Deus, tal como as Escrituras a apresentam, oferece um elevado conceito das perfeições divinas. Ela mantém os direitos que Deus possui como Criador. Insiste que "para nós há um só Deus, o Pai, de quem são todas as cousas e para quem existimos; e um só Senhor, Jesus Cristo, pelo qual são todas as cousas, e nós também por ele" (1 Co 8.6). Declara que os direitos de Deus são como os do "oleiro", que molda o barro em vasos de qualquer tipo e para qualquer fim que lhe agrade. Esta doutrina testifica: "Todas as cousas tu criaste, sim, por causa da tua vontade vieram a existir e foram criadas" (Ap 4.11). Esta doutrina sustenta que ninguém tem qualquer direito de "reagir" contra Deus e que a única atitude adequada para a criatura é a de reverente submissão diante dele. Assim, a apreensão da absoluta supremacia de Deus é de grande importância prática, uma vez que, se não tivermos o devido respeito pela sublime soberania de Deus, ele nunca será honrado nos pensamentos que sobre ele nutrimos e não terá o seu devido lugar em nossos corações e em nossas vidas.

Essa doutrina exibe a inescrutabilidade da sabedoria de Deus. Evidencia o fato que, embora infinito em sua santidade, Deus permitiu que o mal entrasse em sua linda criação; que, apesar de ser o possuidor de todo o poder, ele tem permitido que o diabo lhe tenha feito guerra, durante pelo menos milhares de anos; que, embora seja ele a perfeita expressão do amor, não poupou a seu próprio Filho; e que, embora seja ele o Deus de toda a graça, nem todos se tornam participantes dessa graça. Esses são mistérios sublimes. A Escritura não os nega, mas reconhece a existência deles — "Ó profundidade da riqueza, tanto da sabedoria, como do conhecimento de Deus! Quão insondáveis são os seus juízos, e quão inescrutáveis, os seus caminhos!" (Rm 11.33).

Essa doutrina torna conhecida a irreversibilidade da vontade divina. "Diz o Senhor que faz estas cousas conhecidas desde séculos" (At 15.18). Desde o princípio, Deus propôs glorificar a Si mesmo "na igreja e em Cristo Jesus, por todas as gerações, para todo o sempre" (Ef 3.21). Visando esse fim é que Deus criou o mundo e formou o homem. Seu plano onisciente não foi derrotado com a queda do homem, porquanto, na pessoa do "Cordeiro que foi morto, desde a fundação do mundo" (Ap 13.8), contemplamos o conhecimento antecipado dessa queda. O propósito de Deus não se pode desviar pela maldade do homem desde a queda, segundo se percebe claramente nas palavras do salmista: "Pois até a ira humana há de louvar-te; e do resíduo das iras te cinges" (Sl 76.10). Pelo fato que Deus é onipotente, sua vontade não pode ser frustrada. "Os propósitos dele se originam na eternidade e são levados adiante, imutavelmente, até a eternidade. Estendem-se a todas as suas obras e controlam todos os acontecimentos. Ele "faz todas as cousas segundo o conselho da sua vontade" (Dr. Rice). Nem o homem, nem o diabo podem resistir-lhe com sucesso, por isso também se lê: "Reina o SENHOR; tremam os povos" (Sl 99.1).

Essa doutrina exalta a graça divina. A graça é um favor não merecido. E, visto que a graça é dada aos que nada merecem, aos que merecem o inferno, e que nenhuma reivindicação possuem diante de Deus, então a graça é livre. Ela pode manifestar-se ao pior dos pecadores. Mas, pelo fato de ser oferecida aos que são destituídos de dignidade ou mérito, a graça é soberana, isto é, Deus concede a sua graça a quem lhe apraz. A soberania divina ordenou que alguns sejam condenados pelos seus pecados, a fim de ficar demonstrado que todos merecem esse fim. Mas a graça divina intervém e retira, dentre a humanidade perdida, um povo para o nome de Deus, para ser, durante toda a eternidade, o monumento de seu inescrutável favor. A soberana graça revela-nos um Deus que quebranta a oposição feita pelo coração humano, que subjuga a inimizade da mente carnal e que nos leva a amá-lo, porque ele nos amou primeiro.

2. É o Firme Alicerce de Toda a verdadeira Religião

Isso, naturalmente, decorre do que já dissemos na primeira divisão deste capítulo. Visto que somente a doutrina da divina soberania pode atribuir a Deus o lugar que lhe é devido, então é igualmente verdade que somente ela pode oferecer um firme alicerce para a religião prática. Não pode haver progresso nas coisas divinas, enquanto não houver um reconhecimento pessoal de que Deus é supremo, que ele deve ser temido e reverenciado e que deve ser reconhecido e servido como Senhor. Estaremos lendo em vão as Escrituras, se não as abordarmos com o sincero desejo de conhecer melhor a vontade divina para nós; qualquer outro motivo é egoísta e inteiramente inadequado e indigno. Cada oração que oferecermos a Deus será apenas presunção carnal, se não for oferecida "segundo a vontade de Deus" — qualquer coisa que não tenha este objetivo é pedir "mal", para o esbanjarmos em nossos próprios prazeres. Cada culto que prestamos a Deus será apenas "obra morta", se não visar a glória dele. A religião experimental consiste, principalmente, na percepção e na realização da vontade divina — tanto ativa como passiva. Fomos predestinados para ser conformes à imagem do Filho de Deus, cuja comida era sempre o fazer a vontade daquele que o havia enviado. A intensidade com que cada crente se conforma a esta imagem, em sua vida diária, depende grandemente da reação de cada um à Palavra do Senhor — "Tomai sobre vós o meu jugo e aprendei de mim, porque sou manso e humilde de coração; e achareis descanso para as vossas almas" (Mt 11.29).

3. Repudia a Heresia da Salvação pelas Obras

"Há caminho que ao homem parece direito, mas ao cabo dá em caminhos de morte" (Pv 14.12). O caminho que "parece direito" mas que termina em "morte" eterna é o da salvação pelo esforço e mérito dos homens. A crença na salvação pelas obras é típica da natureza humana. Não que isso sempre assuma a forma grosseira das penitências romanistas ou mesmo do "arrependimento" protestante, isto é, o sentir tristeza por causa do pecado, o que jamais exprime, em sua plenitude, o significado da doutrina do "arrependimento" conforme as Escrituras. Qualquer coisa que conceda ao ser humano uma participação na salvação é um erro semelhante àqueles. Dizer, como muitos pregadores infelizmente dizem: "O Senhor Deus está disposto a fazer a parte dele, se você fizer a sua", é uma miserável e indesculpável negação da boa mensagem da graça divina. Declarar que Deus ajuda àqueles que ajudam a si mesmos é repudiar uma das mais preciosas verdades ensinadas na Bíblia, isto é, que Deus ajuda àqueles que são incapazes de ajudarem a si mesmos, que tentaram por repetidas vezes, mas sempre fracassaram. Dizer que a salvação do pecador depende da ação de sua própria vontade é apenas expressar de outro modo o dogma da salvação pelos esforços humanos; e esse dogma avilta a Deus. Em última análise, qualquer iniciativa da vontade é uma obra humana; é algo que parte de mim mesmo, é algo que eu faço. Mas a doutrina da soberania de Deus bate o machado à raiz dessa árvore maligna, declarando: "Assim, pois, não depende de quem quer ou de quem corre, mas de usar Deus a sua misericórdia" (Rm 9.16).

Alguém diria que tal doutrina levará os pecadores ao desespero. Respondemos: que assim seja; é exatamente esse tipo de desespero que o escritor almeja que se torne comum. Enquanto o pecador não desespera de qualquer ajuda que possa prestar a si mesmo, ele não se disporá a lançar-se nos braços da soberana misericórdia. Porém, uma vez que o Espírito Santo o convença de que não há ajuda em si mesmo, então haverá de reconhecer que está perdido e clamará: "Ó Deus, tem misericórdia de mim, pecador!" E esse clamor será ouvido.

Se o autor tem licença para citar seu testemunho pessoal, pode dizer que descobriu, no decurso de seu ministério, que os sermões que tem pregado sobre a depravação do homem, sobre a incapacidade do pecador em fazer qualquer coisa por si mesmo e que a salvação da alma depende totalmente da misericórdia soberana de Deus têm sido os mais bem-sucedidos na salvação dos perdidos. Reiteramos, portanto, que o senso de nossa total incapacidade é a principal condição prévia para qualquer conversão sadia. Não há salvação para ninguém enquanto a pessoa não deixar de olhar para si mesma e passar a buscar algo, sim, Alguém, fora de si próprio.

4. Leva a Criatura a Humilhar-se Profundamente

Essa doutrina da absoluta soberania de Deus é uma poderosa arma contra o orgulho humano; nisso ela se contrasta nitidamente com as "doutrinas dos homens". Em nossa época vigora, essencialmente, uma atitude de jactância e de glorificação da carne. As realizações do homem, seu desenvolvimento e progresso, sua grandeza e autossuficiência são o santuário onde o mundo presta culto hoje em dia. Mas a verdade acerca da soberania de Deus, com todos os seus resultados, remove todos os alicerces da soberba humana e implanta o espírito de humildade em seu lugar. Declara que a salvação vem do Senhor — em sua origem, em sua operação e em sua consumação. Insiste em que o Senhor tem de aplicar, e não somente suprir; que o Senhor tem de completar, e não somente iniciar a sua obra salvadora na alma; que o Senhor não somente precisa restaurar-nos, mas também manter-nos e sustentar-nos até o fim. Ensina que a salvação é pela graça, por meio da fé, e que todas as nossas obras (antes da conversão), boas e más, em nada contribuem para a nossa salvação. Diz-nos que não nascemos do "sangue, nem da vontade da carne, nem da vontade do homem, mas de Deus" (Jo 1.13). Ora, tudo isso é muito humilhante para o coração do homem, o qual deseja contribuir com algo para sua própria redenção, fazendo aquilo que lhe dará motivos para jactar-se e para satisfazer a si mesmo.

Mas, se essa doutrina nos humilha, ela redunda em louvor a Deus. Se, à luz da soberania de Deus, reconhecermos a nossa própria indignidade e inutilidade, então clamaremos juntamente com o salmista: "Todas as minhas fontes são em ti" (Sl 87.7). Se, por natureza, éramos "filhos da ira", e, na prática, éramos rebeldes contra o governo divino, e, portanto, estávamos sob a justa "maldição" da lei;

e se Deus não tinha obrigação de libertar-nos da ira e do fogo; e se, apesar disso, entregou seu Filho amado por nós todos, então, como o nosso coração não se derreterá diante de tanta graça e amor! Como tal apreensão não nos levará a dizer, em adoração e gratidão: "Não a nós, SENHOR, não a nós, mas ao teu nome dá glória, por amor da tua misericórdia e da tua fidelidade" (Sl 115.1)! Quão prontamente cada um de nós reconhecerá: "Pela graça de Deus, sou o que sou!" Com que admiráveis louvores, exclamaremos:

> Por que fui forçado a ouvir a sua voz,
> A entrar enquanto há lugar,
> Quando milhares fazem uma escolha infeliz,
> Morrendo de fome por não quererem aceitar?
> Foi o amor divino que preparou o banquete,
> E, com ternura, nos obrigou a entrar,
> Se não, teríamos recusado tudo,
> Para, perdidos, no pecado continuar.
> (Isaac Watts)

5. Confere um Senso de Absoluta Segurança

Deus é infinito em poder, e, portanto, é impossível alguém opor-se à sua vontade ou resistir ao cumprimento de seus decretos. Tal afirmação deixa o pecador alarmado, mas do santo, evoca somente louvores. Acrescentemos uma palavra e veremos a diferença que isso faz: Meu Deus é infinito em poder! Portanto, "Não temerei. Que me poderá fazer o homem?" (Sl 118.6). Meu Deus é infinito em poder; portanto, "em me vindo o temor, hei de confiar em ti" (Sl 56.3). Meu Deus é infinito em poder; portanto, "em paz me deito e logo pego no sono, porque, SENHOR, só tu me fazes repousar seguro" (Sl 4.8). Através dos tempos, essa tem sido a fonte da confiança dos santos. Não foi essa a segurança de Moisés quando, em suas palavras de despedida ao povo de Israel, disse: "Não há outro, ó amado, semelhante a Deus, que cavalga sobre os céus para a tua ajuda e com a sua alteza sobre as nuvens. O Deus eterno é a tua habitação, e por baixo de ti estende os braços eternos" (Dt 33.26,27)? Não foi esse senso de segurança que levou o salmista a escrever, movido pelo Espírito Santo: "O que habita no esconderijo do Altíssimo e descansa à sombra do Onipotente diz ao SENHOR: Meu refúgio e meu baluarte, Deus meu, em quem confio. Pois ele te livrará do laço do passarinheiro e da peste perniciosa. Cobrir-te-á com as suas penas, sob suas asas estarás seguro: a sua verdade é pavês e escudo. Não te assustarás do terror noturno, nem da seta que voa de dia, nem da peste que se propaga nas trevas, nem da mortandade que assola ao meio-dia. Caiam mil ao teu lado, e dez mil à tua direita; tu não serás atingido... Pois disseste: O SENHOR é o meu refúgio. Fizeste do Altíssimo a tua morada. Nenhum mal te sucederá [pelo contrário, todas as coisas cooperam para o bem], praga nenhuma chegará à tua tenda" (Sl 91.1-7,9-10)?

> Pestes e mortes voam ao meu redor;
> Se ele não quiser, não morrerei;
> Flecha nenhuma me poderá tocar,
> Enquanto não o queira o Deus de amor
> (John Ryland)

Quão preciosa é essa verdade! Aqui estou eu, uma "ovelha" pobre, insensata, desamparada. Todavia, estou seguro na mão de Cristo. Mas, por que estou seguro na mão dele? Ninguém pode me tirar dali, porque a mão que me segura é a do Filho de Deus, e a ele pertence todo o poder no céu e na terra! De igual modo, não tenho forças em mim mesmo; o mundo, a carne e o diabo estão formados em batalha contra mim. Por isso me entrego aos cuidados do Senhor, dizendo com o apóstolo: "Sei em quem tenho crido e estou certo de que ele é poderoso para guardar o meu depósito até aquele Dia" (2 Tm 1.12).

E qual é a base da minha confiança? Como sei que Deus é poderoso para guardar aquilo que lhe entreguei em depósito? Eu o sei, porque Deus é Todo-Poderoso, Rei dos reis e Senhor dos senhores.

6. Oferece Consolação na Tristeza

A doutrina da soberania de Deus é rica de consolação e concede grande paz ao crente. A soberania de Deus é um alicerce que nada pode abalar, mais firme que céus e terra. Quão bem-aventurado é saber que não há recanto do universo que esteja fora do alcance de Deus! Conforme declarou o salmista: "Para onde me ausentarei do teu Espírito? Para onde fugirei da tua face? Se subo aos céus, lá estás; se faço a minha cama no mais profundo abismo, lá estás também; se tomo as asas da alvorada e me detenho nos confins dos mares, ainda lá me haverá de guiar a tua mão e a tua destra me susterá. Se eu digo: as trevas, com efeito, me encobrirão, e a luz ao redor de mim se fará noite, até as próprias trevas não te serão escuras: as trevas e a luz são a mesma cousa" (Sl 139.7-12). Quão bem-aventurado é saber que a poderosa mão de Deus está sobre cada pessoa e sobre cada coisa! Quão bem-aventurado é saber que nenhum pardal cai por terra sem que Deus o saiba e que nossas próprias aflições não surgem ao acaso, nem surgem da parte do diabo, mas antes, são ordenadas por Deus — "a fim de que ninguém se inquiete com estas tribulações. Porque vós mesmos sabeis que estamos designados para isto" (1 Ts 3.3)!

O nosso Deus, além de ser infinito em poder, também é infinito em sabedoria e bondade. E o valor dessa verdade pode ser visto no que se segue: Deus só determina o que é bom; a vontade dele é irreversível e irresistível! Deus é por demais sábio para errar, por demais amoroso para provocar lágrimas desnecessárias em um filho seu. Portanto, visto que Deus é sabedoria perfeita e perfeita bondade, quão bendita é a certeza de que tudo está em suas mãos, sendo moldado pela sua vontade, segundo o seu eterno propósito! "Eis que arrebata a presa! Quem o pode impedir? Quem lhe dirá: Que fazes?" (Jó 9.12). Porém, como é consolador saber que Deus, e não o diabo, é quem arrebata os nossos entes queridos! Ah! quanta paz para os nossos pobres e fracos corações, sabermos que o número dos nossos dias está com ele (Jó 14.5); sabermos que a doença e a morte são mensageiros de Deus, sempre marchando sob suas ordens; que é o Senhor quem dá e o Senhor quem tira!

7. Produz um Espírito de Terna Resignação

Curvar-se diante da soberana vontade de Deus é um dos grandes segredos da paz e da felicidade. Não pode haver submissão real, com contentamento, enquanto não estivermos quebrantados em espírito, isto é, enquanto não nos tornarmos dispostos e alegres para que o Senhor faça conosco a sua vontade. Não se trata de alguma atitude de aquiescência fatalista; bem pelo contrário, os santos são exortados a experimentarem "qual seja a boa, agradável e perfeita vontade de Deus" (Rm 12.2).

No capítulo anterior, já vimos o tema da resignação à vontade divina. Ali, além do supremo padrão, que é o de Cristo, citamos o exemplo de Eli e Jó. Agora gostaríamos de suplementar esses casos com mais exemplos. Quão importante é aquela declaração de Levítico 10.3: "Porém, Arão se calou!" Examinemos as circunstâncias: "Nadabe e Abiú, filhos de Arão, tomaram cada um o seu incensário, e puseram neles fogo, e sobre este, incenso, e trouxeram fogo estranho perante a face do SENHOR, o que lhes não ordenara. Então saiu fogo de diante do SENHOR e os consumiu; e morreram perante o SENHOR... Porém, Arão se calou". Esses dois filhos do sumo sacerdote morreram por um ato de juízo divino. Mui provavelmente estavam embriagados na ocasião. Além disso, essa provação sobreveio a Arão de maneira repentina, sem qualquer preparo prévio. Mas, apesar disso, "Arão se calou". Precioso exemplo do poder da graça de Deus, que para tudo é suficiente!

Considere agora um pronunciamento vindo dos lábios do rei Davi ao sacerdote Zadoque: "Torna a levar a arca de Deus à cidade. Se achar eu graça aos olhos do SENHOR, ele me fará voltar para lá e me deixará ver assim a arca como a sua habitação. Se ele, porém, disser: Não tenho prazer em ti; eis-me aqui, faça de mim como melhor lhe parecer" (2 Sm 15.25,26). Neste incidente, por semelhante modo, as circunstâncias que cercavam Davi eram extremamente difíceis para serem suportadas pelo coração humano. Davi estava sobremodo oprimido pela tristeza. O seu próprio filho o expulsara do trono e procurava tirar-lhe a vida. Davi nem sequer sabia se voltaria a ver a cidade de Jerusalém e o tabernáculo. Porém, ele era tão submisso a Deus que tinha certeza absoluta de que a vontade divina seria melhor, ainda que isso significasse a perda de seu trono e de sua vida. Ficaria contente se Deus cumprisse a sua própria e soberana vontade: "Faça de mim como melhor lhe parecer".

Não precisamos multiplicar os exemplos. Todavia, será cabível aqui uma ligeira consideração sobre esse último caso. Se, no meio dos tipos e símbolos da dispensação do Antigo Testamento, Davi se contentava em que Deus cumprisse a sua própria vontade, então, agora, depois que o coração de Deus se revelou plenamente na cruz, quanto mais nós devemos nos deleitar na execução da vontade do Senhor! Certamente não devemos ter qualquer hesitação em dizer:

> O mal que ele abençoa é nosso bem,
> E o bem que ele não abençoa é o nosso mal,
> Se for da terna vontade de Deus,
> Tudo é certo, por mais errado que pareça.

8. Evoca um Cântico de Louvor

Não poderia ser de outro modo. Por que motivo eu, que, por natureza, não sou diferente das multidões ímpias e descuidadas em redor, fui escolhido em Cristo antes da fundação do mundo? E por que sou agora abençoado em Cristo, com todas as bênçãos espirituais nas regiões celestes? Por que eu, antes estranho a Deus e rebelde contra ele, fui selecionado para receber favores tão maravilhosos? Ah! isso é algo que não posso perscrutar. Tal graça, tal amor, "excede todo entendimento". Mas, se a minha mente não consegue discernir a razão por ter sido assim, o meu coração pode ao menos exprimir a sua gratidão, em louvor e adoração. Mas, não somente devo ser grato a Deus por causa da graça que ele manifestou para comigo no passado; sua maneira de lidar comigo, no presente, também me fará transbordar em ações de graças. Qual é a força da expressão "Alegrai-vos sempre no Senhor" (Fp 4.4)? Tenhamos em mente que aqui não é dito: "Alegrai-vos no salvador". Antes, cumpre-nos alegrarmo-nos no "Senhor" como Senhor de todas as circunstâncias.

Não seria necessário lembrar-lhe que, ao escrever essas palavras, Paulo era prisioneiro do governo romano. Ele deixara para trás uma longa jornada cheia de aflições. Perigos no mar e em terra, fome e sede, açoites e apedrejamentos, por tudo isso havia passado. Fora perseguido por pessoas de dentro e de fora da igreja. Aqueles que deveriam ter ficado firmes ao seu lado, o abandonaram. No entanto, ele escreve: "Alegrai-vos sempre no Senhor" Qual seria o segredo de sua paz e felicidade? Ah! o mesmo apóstolo não escrevera antes: "Sabemos que todas as cousas cooperam para o bem daqueles que amam a Deus, daqueles que são chamados segundo o seu propósito" (Rm 8.28)? Como Paulo sabia, e como nós podemos saber, que todas as coisas cooperam para o bem? A resposta é: Porque todas as coisas estão sob o controle do Soberano supremo e estão sendo reguladas por ele; também porque ele só tem pensamentos de amor para com os que lhe pertencem. Por isso, todas as coisas são ordenadas por ele de tal modo que são levadas a ministrar para o nosso bem final. É por essa razão que devemos sempre dar "graças por tudo a nosso Deus e Pai, em nome de nosso Senhor Jesus Cristo" (Ef 5.20). Sim, dar graças "por tudo", pois, conforme já se disse com muita razão, "as nossas frustrações são apenas determinações de Deus". Para quem se deleita na soberania de Deus, as nuvens não são apenas prateadas, são totalmente de prata. As sombras servem tão somente para ressaltar a luz.

> Santos temerosos, renovai a coragem;
> As nuvens que tanto temeis
> Estão repletas de misericórdia
> E em bênçãos se romperão sobre vós.

9. Garante o Triunfo Final do Bem sobre o Mal

Desde o dia em que Caim matou Abel, o conflito, na terra, entre o bem e o mal tem sido um espinhoso problema para os santos. Em todas as épocas, os justos têm sido odiados e perseguidos, ao passo que, segundo parece, os ímpios têm conseguido desafiar impunemente a Deus. Os que pertencem ao Senhor, em sua maioria, têm sido pessoas pobres de bens materiais, ao passo que os ímpios têm florescido na prosperidade temporal, como a árvore plantada à beira de um rio. Quando olhamos ao redor e vemos a opressão que os crentes sofrem e o sucesso mundano dos incrédulos, notando ainda quão poucos são os primeiros e quão numerosos os últimos; quando contemplamos o que parece ser a derrota daquilo que é correto e o triunfo da prepotência e do erro; quando ouvimos o estrondo da batalha, os gritos dos feridos, os lamentos dos que perderam entes queridos; quando descobrimos que quase todas as coisas na terra estão em confusão, em caos e ruína, até parece que Satanás está vencendo esse conflito. Quando, porém, passamos a olhar para cima, e não ao redor, então os olhos da fé divisam nitidamente um trono, o qual não é atingido pelas tempestades da terra; divisamos um trono firme, estável e seguro. Neste trono se assenta aquele cujo nome é Todo-Poderoso, o qual "faz todas as cousas conforme o conselho da sua vontade" (Ef 1.11). Essa, portanto, é a nossa confiança: Deus está em seu trono. O leme está nas mãos dele, e ele é onipotente. Seu propósito não pode falhar, porque "se ele resolveu alguma cousa, quem o pode dissuadir? O que ele deseja, isso fará" (Jó 23.13). Embora a poderosa mão de Deus seja invisível aos olhos dos sentidos físicos, é uma realidade para os olhos da fé que repousa em segura confiança na palavra dele e que nutre a certeza de que Deus não pode falhar. Eis o que escreve nosso irmão Gaebelein:

> Não pode haver falhas em Deus. "Deus não é homem, para que minta; nem filho do homem, para que se arrependa. Porventura, tendo ele prometido, não o fará? Ou, tendo falado, não o cumprirá?" (Nm 23.19). Tudo será cumprido. A promessa, feita ao amado povo de Deus, de que ele o buscará e o transportará daqui para a glória não falhará. Certamente ele virá e recolherá todos os que são seus à sua presença. As solenes palavras, proferidas aos povos e nações da terra, pelos diversos profetas, igualmente não falharão. "Chegai-vos, nações, para ouvir, e vós, povos, escutai; ouça a terra e a sua plenitude, o mundo e tudo quanto produz. Porque a indignação do SENHOR está contra todas as nações, e o seu furor contra todo o exército delas; ele as destinou para a destruição e as entregou à matança" (Is 34.1,2). Não falhará naquele dia em que "os olhos altivos dos homens serão abatidos, e a sua altivez será humilhada; só o SENHOR será exaltado naquele dia" (Is 2.11). Certamente virá o dia em que Deus se manifestará, quando sua glória cobrir os céus, e os seus pés, uma vez mais, pisarem na terra. O seu reino certamente não falhará; não falharão todos os acontecimentos prometidos quanto aos fins do século e à consumação de todas as coisas.
>
> Nestes obscuros tempos de provação, como é bom lembrar que Deus está no trono que não pode ser abalado e que ele não deixará de fazer tudo quanto falou e prometeu. "Buscai no livro do SENHOR e lede" (Is 34.16); nada falhará. Pela fé, vemos antecipadamente aquele período glorioso em que a palavra e a vontade de Deus serão cum-

pridas, quando, através da vinda do Príncipe da Paz, a justiça e a paz finalmente serão estabelecidas. E, enquanto aguardamos que venha o momento supremo e abençoado, em que se cumprirá a promessa de Deus, confiemos nele, andemos em comunhão com ele; a cada dia descobriremos de novo que ele jamais deixa de sustentar-nos e guiar-nos em todos os nossos caminhos.

10. Oferece um Lugar de Descanso para o Coração

Muito do que poderíamos escrever aqui já foi antecipado em outros subtítulos deste capítulo. Aquele que se assenta no trono celeste, aquele que governa todas as nações, e que determinou, e agora regula todos os acontecimentos, os quais ele agora está conduzindo, é um Ser infinito, não somente em poder, mas também em sabedoria e bondade. Aquele que é Senhor sobre toda a criação também é aquele que foi manifestado na carne (1 Tm 3.16). Ah! Esse é um tema sobre o qual nenhuma pena humana pode tratar à altura! A glória de Deus não consiste somente no fato de ser ele o Altíssimo, e, sim, no seguinte: apesar de ser ele tão sublime, desceu humildemente, em amor, para levar sobre si mesmo o fardo de suas criaturas culpadas, porque está escrito: "Deus estava em Cristo, reconciliando consigo o mundo" (2 Co 5.19); A igreja de Deus foi comprada com o seu próprio sangue (At 20.28). O reino divino é estabelecido com base na graciosa auto-humilhação do próprio Rei. Oh! Maravilhosa cruz! Por seu intermédio, aquele que nela sofreu veio a ser não o Senhor de nosso destino (porque já o era), mas o Senhor de nossos corações. Portanto, não nos encurvamos em abjeto terror na presença do Soberano supremo, e, sim, nos encurvamos em culto de adoração e clamamos: "Digno é o Cordeiro, que foi morto, de receber o poder, e riqueza, e sabedoria, e força, e honra, e glória, e louvor" (Ap 5.12).

Temos aqui, por conseguinte, a refutação daquela maldosa acusação de que a doutrina da soberania divina é uma horrível calúnia contra Deus e perigosa demais para ser ensinada a seu povo. Pode ser "horrível" e "perigosa" uma doutrina que dá a Deus o seu verdadeiro lugar, que mantém os seus direitos, que exalta a sua graça, que atribui a ele toda a glória e que remove da criatura todos os motivos de jactância? Pode ser "horrível" e "perigosa" uma doutrina que oferece aos santos um senso de profunda segurança ante o perigo, que lhes outorga consolação nas tristezas, que neles desenvolve a paciência, diante da adversidade, e que os estimula a levantar louvores aos céus, em todas as oportunidades? Pode ser "horrível" e "perigosa" uma doutrina que nos assegura da certeza do triunfo final do bem sobre o mal e que nos oferece um descanso seguro para o coração, descanso esse que decorre das perfeições do próprio Soberano? Não, mil vezes não. Longe de ser "horrível" e "perigosa", essa doutrina da soberania de Deus é gloriosa e edificante. Apreendê-la devidamente é algo que forçosamente nos levará a exclamar, juntamente com Moisés: "ó Senhor, quem é como tu entre os deuses? Quem é como tu, glorificado em santidade, terrível em feitos gloriosos, que operas maravilhas?" (Êx 15.11).

Conclusão

Aleluia! Pois reina o Senhor, nosso Deus, o Todo-Poderoso.
Apocalipse 19.6

Concluindo, passaremos agora a considerar algumas das dificuldades comumente levantadas em relação à soberania de Deus. Se Deus não somente predeterminou a salvação dos seus, mas também preparou de antemão as boas obras nas quais eles hão de andar (Ef 2.10), então que incentivo resta para que nos esforcemos em prol da piedade prática? Se Deus já determinou o número daqueles que deverão ser salvos e se os demais são vasos de ira, preparados para a perdição, então que encorajamento há para que preguemos o evangelho aos perdidos? Responderemos essas perguntas segundo a ordem mencionada a seguir:

1. A Soberania de Deus e o Crescimento do Crente na Graça

Se Deus predestinou tudo quanto acontece, qual é a utilidade de nos exercitarmos pessoalmente na piedade (1 Tm 4.7)? Se Deus preparou de antemão as boas obras, nas quais temos de andar (Ef 2.10), então por que devemos ser "solícitos na prática de boas obras" (Tt 3.8)? Isso tão somente levanta, uma vez mais, a questão da responsabilidade humana. Na realidade, para responder a essa pergunta, deveria ser suficiente dizermos que Deus nos mandou fazê-lo. Em nenhuma parte das Escrituras inculca-se ou encoraja-se um espírito de indiferença fatalista. Contentamento com o nível espiritual atingido é expressamente reprovado nas Escrituras. A palavra para cada crente é: "Prossigo para o alvo, para o prêmio da soberana vocação de Deus em Cristo Jesus" (Fp 3.14). Este foi o alvo do apóstolo e deve ser o nosso. Apreender e apreciar devidamente a soberania de Deus, longe de ser um empecilho ao desenvolvimento do caráter cristão, servirá para fomentá-lo. Assim como o desespero do pecador quanto a poder ajudar-se a si mesmo é a primeira condição para que haja uma conversão segura, assim também a perda de toda a confiança em si mesmo é, da parte do crente, o ponto essencial para seu crescimento na graça. Assim como o perder a esperança de haver qualquer coisa em si mesmo que o possa ajudar levará o pecador a atirar-se nos braços da misericórdia soberana, assim também o cristão, cônscio de sua própria fraqueza, irá ao Senhor em busca de poder. Quando somos fracos, então é que somos fortes (2 Co 12.10); isto quer dizer que é necessário que tenhamos consciência de nossa fraqueza antes que procuremos ajuda da parte do Senhor. Enquanto o cristão admite a ideia de que ele é suficiente em si mesmo; enquanto imagina que pela mera força de sua vontade ele pode resistir à tentação; enquanto tem confiança na carne, então, como Pedro, que se jactou de que, embora todos deixassem a Cristo, ele nunca o faria, certamente falharemos e cairemos. Sem Cristo, nada podemos fazer (Jo 15.5). A promessa de Deus é: "Faz forte ao cansado, e multiplica as forças ao que não tem nenhum vigor" em si mesmo (Is 40.29).

A pergunta que estamos considerando tem grande importância prática e nos esforçaremos por expressar a resposta com clareza e simplicidade. O segredo do desenvolvimento do caráter cristão está em percebermos e confessarmos nossa própria incapacidade e, então, em nos dirigirmos ao Senhor em busca de ajuda. A verdade é que nós, de nós mesmos, somos completamente incapazes de praticar um único preceito ou obedecer um único mandamento que as Escrituras nos apresentam. Por exemplo: "Amai os vossos inimigos"; de nós mesmos não o podemos fazer, nem induzir-nos a fazê-lo. "Não andeis ansiosos de cousa alguma"; quem pode evitar e impedir a ansiedade quando as coisas saem erradas? Estes são exemplos tomados dentre muitos outros. Deus então zomba de nós, quando nos manda fazer o que ele tem certeza de que somos incapazes de fazer? A resposta de Agostinho a esta pergunta é a melhor que encontramos: "Deus dá mandamentos que não podemos cumprir para que saibamos o que devemos pedir da parte dele". A consciência da nossa incapacidade deve nos levar a depender totalmente daquele que detém todo o poder. Aqui, pois, percebemos que a visão e a ideia da soberania de Deus nos ajuda, porque revela sua suficiência e nos mostra nossa própria insuficiência.

2. A Soberania de Deus e o Serviço Cristão

Se Deus determinou, antes da fundação do mundo, o número exato daqueles que serão salvos, então por que preocupar-nos com o destino eterno das pessoas com quem entramos em contato? Que lugar há para o zelo no serviço cristão? A doutrina da soberania de Deus, com seu corolário da predestinação, não desencorajará os servos do Senhor quanto a serem fiéis na evangelização? Não, longe de desencorajar seus servos, o reconhecimento da soberania de Deus os encorajará consideravelmente. Por exemplo, alguém é chamado para a obra de evangelista e sai, crendo na liberdade da vontade e que o próprio pecador tem capacidade de vir a Cristo. Prega o evangelho com a maior fidelidade e zelo possível, mas descobre que a vasta maioria dos ouvintes é indiferente, sem qualquer inclinação para Cristo. Descobre que os homens estão, na sua maior parte, totalmente envolvidos nas coisas deste mundo e que pouquíssimos sentem qualquer interesse pelo mundo por vir. Implora aos homens que se reconciliem com Deus e insta-os a pensar na salvação de suas almas. Tudo em vão. Fica totalmente desencorajado e pensa consigo mesmo: Qual é a utilidade de tudo isto? Deve abandonar a vocação ou mudar a missão e mensagem? Se os homens não respondem ao evangelho, não seria melhor dedicar-se a coisas mais populares e aceitáveis ao mundo? Por que não se ocupar com esforços humanitários, com obras de bem-estar social, com campanhas de boas obras? É uma lástima que tantos homens que antes pregavam o evangelho acabaram dedicando-se a essas atividades.

Qual é, pois, o incentivo que Deus dá ao seu servo desencorajado? Primeiro, precisa ele aprender pelas Escrituras que Deus não está procurando converter o mundo agora, mas nesta época ele está constituindo, dentre os gentios, um povo para o seu nome (At 15.14). Qual é, pois, o corretivo que Deus dá ao seu servo desencorajado? ele dá uma compreensão correta do seu plano para esta dispensação. Repetimos: qual é o remédio que Deus prescreve para o desânimo causado pelo aparente fracasso em nossos labores? ele dá a certeza de que o seu propósito não pode falhar, de que os seus planos darão resultado, de que a sua vontade será feita. Jamais houve a intenção de que nossos esforços cumprissem aquilo que Deus nunca decretou. Outra vez: qual a palavra de alento que Deus dá àquele que está totalmente sem ânimo, ante a falta de reação positiva aos seus apelos e ante a ausência de fruto nos seus esforços? Esta: nós não somos responsáveis pelos resultados; estes pertencem a ele, são questões da alçada de Deus. Paulo pôde "plantar" e Apolo pôde "regar", mas foi Deus quem deu o crescimento (1 Co 3.6). Nosso dever é obedecer a Cristo e pregar o evangelho a toda criatura, salientando a parte de "todo aquele que crê", para então deixarmos que o Espírito Santo aplique a Palavra com poder vivificante àquele a quem ele quiser, descansando na firme promessa do Senhor: "Porque, assim como descem a chuva e a neve dos céus e para lá não tornam, sem que primeiro reguem a terra e a fecundem e a façam brotar, para dar semente ao semeador e pão ao que come, assim será a palavra que sair da minha boca; não voltará para mim vazia, mas fará o que me apraz [não o que nós queremos] e prosperará naquilo para que a designei"

(Is 55.10,11). Não foi esta a certeza que sustentava o apóstolo amado, quando declarou: "Por esta razão, tudo suporto por causa dos eleitos" (2 Tm 2.10)! Sim, não é esta a lição que se pode aprender do bendito exemplo do Senhor Jesus? Ao falar ao povo: "Embora me tenhais visto, não credes", ele firmou-se no soberano beneplácito daquele que o enviara, dizendo: "Todo aquele que o Pai me dá, esse virá a mim; e o que vem a mim, de modo nenhum o lançarei fora" (Jo 6.36,37). Sabia que sua obra não seria em vão. Sabia que a Palavra de Deus não voltaria a ele "vazia". Sabia que os "eleitos de Deus" viriam a ele e nele creriam. Esta mesma certeza enche a alma de cada servo de Deus que sabe confiar na bendita verdade da soberania de Deus.

Ah! Obreiro cristão, meu colega, Deus não nos enviou para atirar flechas ao acaso (I Rs 22.34). O sucesso do ministério que confiou às nossas mãos não depende da instabilidade da vontade das pessoas às quais pregamos. Como nos encorajam gloriosamente e sustentam nossa alma estas palavras do Senhor, se nelas descansamos com fé singela: "Ainda tenho outras ovelhas [note bem, "tenho", não "terei"; "tenho", porque lhe foram dadas pelo Pai antes da fundação do mundo], não deste aprisco [isto é, do aprisco dos judeus, então existente]; a mim me convém conduzi-las; elas ouvirão a minha voz" (Jo 10.16). Não é simplesmente "deveriam ouvir a minha voz", não é simplesmente "podem ouvir a minha voz", nem "ouvirão se for da vontade delas". Não há qualquer "se", qualquer "talvez"; nenhuma incerteza. "Elas ouvirão a minha voz", esta é a sua promessa, positiva, sem restrições, absoluta. É aqui, pois, que a fé deve descansar. Continue caro amigo, a buscar as "outras ovelhas" de Cristo. Não fique desencorajado se os "bodes" não prestam atenção à sua voz, quando você prega o evangelho. Seja fiel, seja bíblico, seja perseverante, e Cristo pode também usá-lo como seu porta-voz para chamar a Si algumas das suas ovelhas perdidas. "Portanto, meus amados irmãos, sede firmes, inabaláveis e sempre abundantes na obra do Senhor, sabendo que, no Senhor, o vosso trabalho não é vão" (1 Co 15.58).

Agora resta-nos oferecer algumas reflexões finais e, então, teremos terminado esta nossa agradável tarefa.

A soberana eleição que Deus fez de certas pessoas para serem salvas é uma provisão MISERICORDIOSA. A resposta contra todas as maldosas acusações de que a doutrina da predestinação é cruel, horrível e injusta é a seguinte: se Deus não tivesse escolhido alguns para a salvação, ninguém seria salvo, porque "não há quem busque a Deus" (Rm 3.11). Esta afirmativa não é mera inferência nossa, é o ensino claro das Sagradas Escrituras. Preste atenção às palavras do apóstolo, em Romanos 9, onde esta matéria é debatida detalhadamente: "Ainda que o número dos filhos de Israel seja como a areia do mar, o remanescente é que será salvo... como Isaías já disse: Se o Senhor dos Exércitos não nos tivesse deixado descendência, ter-nos-íamos tornado como Sodoma e semelhantes a Gomorra" (Rm 9.27,29). O ensino desta passagem não dá lugar a erros; se não fosse a interferência divina, Israel teria ficado como Sodoma e Gomorra. Se Deus tivesse deixado Israel sozinho, a depravação humana teria tido livre expressão até provocar seu próprio fim trágico. Mas Deus deixou um "remanescente" ou "descendência" para Israel. No passado, as cidades da planície haviam sido destruídas por causa do seu pecado, e ninguém ficou como sobrevivente; este teria sido também o caso de Israel, se Deus não tivesse "deixado" ou poupado um remanescente. Assim acontece com toda a raça humana: se não fosse a soberana operação da graça de Deus poupando um remanescente, todos os descendentes de Adão teriam perecido nos seus pecados. Por conseguinte, dizemos que a soberana eleição que Deus fez de certas pessoas para serem salvas é uma provisão misericordiosa. E, note-se, escolhendo a quem ele quis escolher, Deus não agiu injustamente para com os demais que foram deixados de lado, visto que ninguém tinha qualquer direito à salvação.

A salvação é pela graça, e o exercício da graça é pura questão de soberania — Deus podia salvar todos ou nenhum, muitos ou poucos, um ou dez mil, assim como lhe parecesse melhor. Se alguém objeta: Mas certamente o "melhor" seria salvar todos; a resposta será: nós não temos capacidade para julgar isto. Nós poderíamos considerar "melhor" se Deus não tivesse criado Satanás, se jamais tivesse permitido que o pecado entrasse no mundo ou se, uma vez surgido o pecado, tivesse encerrado imediatamente o conflito entre o bem e o mal. Ah! os caminhos de Deus não são os nossos caminhos, seus caminhos são inescrutáveis.

Deus predetermina tudo o que acontece. Seu soberano mandato se estende ao universo inteiro e a cada criatura. "Porque dele, e por meio dele, e para ele são todas as cousas" (Rm 11.36). Deus inicia todas as coisas, dirige todas as coisas e todas as coisas estão contribuindo para a eterna glória dele. "Há um só Deus, o Pai, de quem são todas as cousas e para quem existimos; e um só Senhor, Jesus Cristo, pelo qual são todas as cousas, e nós também por ele" (1 Co 8.6). Também: "Segundo o propósito daquele que faz todas as cousas conforme o conselho da sua vontade" (Ef 1.11). Certamente, se há algo que pode ser atribuído à sorte, é o próprio "lançar a sorte", mas a Palavra de Deus declara expressamente: "A sorte se lança no regaço, mas do SENHOR procede toda decisão" (Pv 16.33)!

A sabedoria de Deus no governo do mundo ainda há de ser completamente vindicada perante todas as inteligências criadas. Deus não é um espectador inativo, a contemplar, de um mundo distante, os acontecimentos nesta terra; é ele mesmo quem molda tudo para promover a sua própria glória final. Agora ele mesmo está operando seu eterno propósito, não somente a despeito da oposição dos homens e de Satanás, mas até por meio dela. Um dia, a pecaminosidade e a futilidade de todos os esforços de resistir-lhe serão demonstradas tão abertamente como naquela ocasião do passado distante, quando Deus derrotou Faraó e suas hostes no Mar Vermelho.

Tem-se dito, com certeza que "o fim e o objetivo de tudo é a glória de Deus. É perfeita e divinamente verdadeiro que Deus ordenou para sua própria glória tudo o que acontece. Para salvaguardar esta verdade de qualquer possível erro, precisamos lembrar quem é este Deus e qual é a glória que ele procura. Ele é o Deus e Pai do nosso Senhor Jesus Cristo — aquele que, cheio de amor divinal, não veio procurar a sua vantagem, mas viveu entre nós como 'aquele que serve'. Deus é aquele que, sendo suficiente em si mesmo, não pode receber qualquer acréscimo de glória da parte de suas criaturas, porque toda a boa dádiva e todo o dom perfeito procede dele, em quem não pode existir variação ou sombra de mudança. As criaturas nada lhe podem dar que não tenha provindo dele mesmo.

"A glória de Deus se vê na demonstração da sua própria bondade, retidão, justiça, santidade e verdade; na manifestação que fez de si mesmo em Cristo e continuará fazendo para sempre. Todas as coisas terão de servir necessariamente a esta glória de Deus, inclusive os adversários, o mal e tudo mais. Ele assim ordenou; seu poder o garantirá; e, depois de removidas todas as nuvens e obstruções, então ele descansará — descansará no seu amor para sempre, embora somente a eternidade seja suficiente para se apreender toda a revelação. O inefável resultado é declarado em cinco palavras: 'Deus será tudo em todos'" (F.W.Grant, "Expiação", grifos nossos).

O que aqui escrevemos é apenas uma incompleta e imperfeita apresentação deste importantíssimo assunto; com tristeza precisamos confessá-lo. Mesmo assim, se resultar em uma mais clara compreensão da majestade de Deus e da sua soberana graça, sentir-nos-emos amplamente recompensados pelos esforços feitos. Se o leitor recebeu alguma bênção da leitura destas páginas, que não deixe de dar graças àquele que dá toda boa dádiva e todo dom perfeito, atribuindo todo o louvor à sua soberana e inimitável graça.

Grande Deus! Quão infinito és tu,
E nós, vermes fracos e inúteis.
Curve-se a raça toda que criaste,
Agora a buscar, a tua salvação.
Todos os anos da eternidade
Estão sempre presentes à tua vista,
A ti, nada parece antiquado.
Grande Deus! Nada há também de novo.
Nossas vidas se passam em múltiplas cenas,
Perturbadas com vis cuidados;
Enquanto o teu eterno plano avança,
Segundo teu querer, fixo, imutável!

"Aleluia! Pois reina o Senhor nosso Deus,
o Todo-Poderoso."
Apocalipse 19.6

FIEL
MINISTÉRIO

O Ministério Fiel tem como propósito servir a Deus através do serviço ao povo de Deus, a Igreja.

Em nosso site, na internet, disponibilizamos centenas de recursos gratuitos, como vídeos de pregações e conferências, artigos, e-books, livros em áudio, blog e muito mais.

Oferecemos ao nosso leitor materiais que, cremos, serão de grande proveito para sua edificação, instrução e crescimento espiritual.

Assine também nosso informativo e faça parte da comunidade Fiel. Através do informativo, você terá acesso a vários materiais gratuitos e promoções especiais exclusivos para quem faz parte de nossa comunidade.

Visite nosso website

www.ministeriofiel.com.br

e faça parte da comunidade Fiel

Esta obra foi composta em Minion Pro Regular 11, e impressa
na Promove Artes Gráficas sobre o papel Pólen Natural 70g/m²,
para Editora Fiel, em Setembro de 2024.